BASKETBALL PERFORMANCE TRAINING

Athletiktraining und Rehabilitation für leistungsorientierte Basketballer

Lukas Lai

Autor

Lukas Lai
E-Mail: info@lukaslai.de

Hinweis

Die medizinische Entwicklung schreitet permanent fort. Neue Erkenntnisse, was Medikation und Behandlung angeht, sind die Folge. Autor und Verlag haben alle Texte mit großer Sorgfalt erarbeitet, um alle Angaben dem Wissensstand zum Zeitpunkt der Veröffentlichung anzupassen. Dennoch ist der Leser aufgefordert, Dosierungen und Kontraindikationen aller verwendeten Präparate und medizinischen Behandlungungsverfahren anhand etwaiger Beipackzettel und Bedienungsanleitungen eigenverantwortlich zu prüfen, um eventuelle Abweichungen festzustellen.

ISBN

ISBN 978-3-9482-7705-5

Urheber- und Nutzungsrechte

Druck

Sommer media GmbH & Co. KG, Feuchtwangen

Fotos

Alle Fotografien, die keinen expliziten Quellennachweis haben, wurden von Helloworld Studios Hackenberg & Höfler GbR geschossen. Webseite: www.helloworldstudios.com

Bibliografische Information

Die Deutsche Nationalbibliothek verzeichnet diese Publikation in der Deutschen Nationalbibliografie; detaillierte bibliografische Daten sind im Internet über http://dnb.d-nb.de abrufbar.

DER AUTOR

Lukas Lai

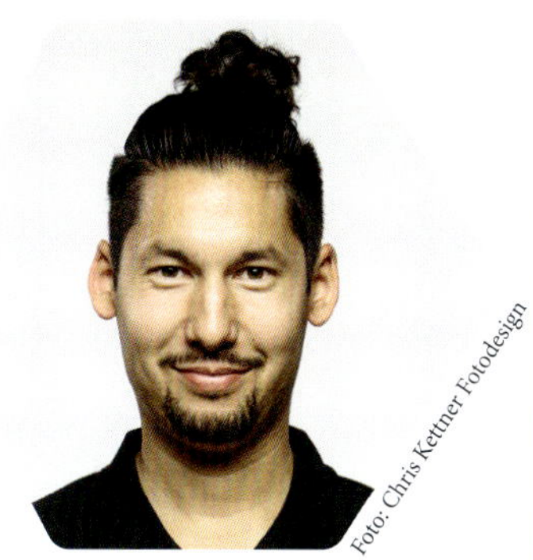

Lukas Lai ist Physiotherapeut B.Sc. sowie Sportphysiotherapeut des DOSB. Seit der Saison 2009/2010 arbeitet er als Physiotherapeut und Athletiktrainer mit den Gießen 46ers in der 1. Basketball-Bundesliga.

Verschiedene Jugendnationalmannschaften des Deutschen Basketballbundes vertrauen seit mehr als neun Jahren seinen Diensten. Zu den größten Erfolgen zählen die Meisterschaft in der 2. Basketball-Bundesliga (Pro A) im Jahr 2015 sowie die Bronzemedaille bei der männlichen U20 Europameisterschaft 2019.

Die hohe Affinität zum Basketball entwickelte Lukas Lai durch eine fünfzehnjährige Phase als aktiver Basketballer sowie durch die Arbeit als Jugendtrainer. Das so entstandene Verständnis für den Sport fließt stark in seine spezifische Arbeit mit den Athleten ein. Durch seinen akademischen Hochschulabschluss hat die Arbeit von Lukas Lai einen evidenzbasierten Hintergrund. Der Transfer von Wissenschaft zur Praxis gelingt ihm so gut, dass zahlreiche Basketballprofis auch über ihre aktive Zeit in Gießen seine Dienste in Anspruch nehmen.

Neben seiner praktischen Tätigkeit als Physiotherapeut und Athletiktrainer ist Lukas Lai auch als Autor für verschiedene Fachzeitschriften tätig. Seine praxisbezogenen Vorträge hält er auch außerhalb Deutschlands, zum Beispiel im polnischen Wroclaw oder an der Sport-Universität Peking.

Seit 2015 arbeitet Lukas Lai in eigener Praxis in Gießen. Gemeinsam mit seinen Kollegen werden physiotherapeutische Maßnahmen und Training miteinander verbunden, um die bestmöglichen Rehabilitationswege zu schaffen.

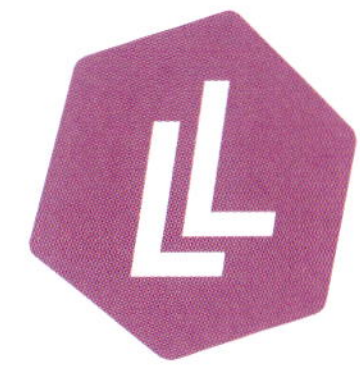

BASKETBALL PERFORMANCE TRAINING

Athletiktraining und Rehabilitation für leistungsorientierte Basketballer

Lukas Lai

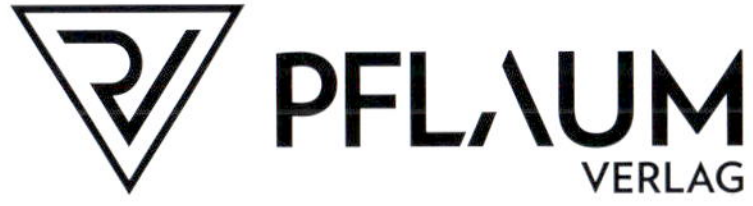

INHALT

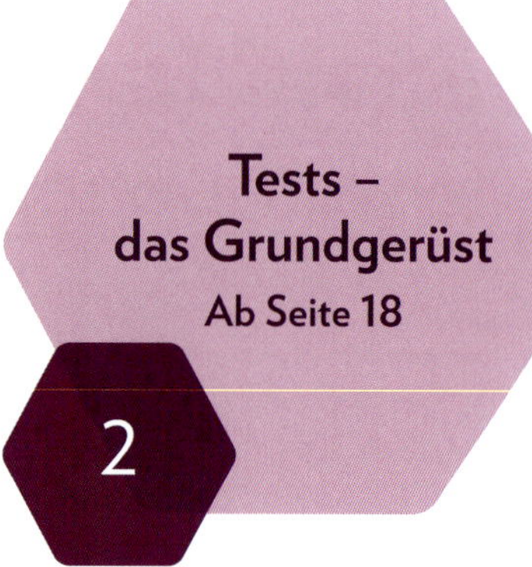

Monitoring - Work + Reset = Success

Ab Seite 50

3

Regeneration – recover like a Champ!

Ab Seite 58

4

Krafttraining – der Motor

Ausdauertraining – die perfekte Kombination aus Motor und Tank

Rehabilitation – come back stronger!

Ab Seite 114

7

Anhang

Ab Seite 142

8

VORWORT VON DENIS WUCHERER

Talent alleine reicht schon lange nicht mehr.

Talent ist wichtig. Keine Frage.

Dazu kommt die richtige Einstellung.

Du musst mehr Zeit investieren und härter arbeiten als die anderen.

Das wird sich nie ändern. Nur so gibst du dir eine Chance.

Diese Chance wird größer, wenn du deinen Kopf benutzt.

Wer ganz nach oben will, muss vor allem eins: Er muss smart trainieren.

Um aus deinem Talent und deinen körperlichen Voraussetzungen das Maximum herauszuholen, musst du deine Stärken und Schwächen kennen.

Verletzungen sind oft genug der Grund dafür, dass vielversprechende Talente nicht oben ankommen. Du kannst sie vermeiden, wenn du deine physischen Defizite kennst und präventiv an ihnen arbeitest.

Mehr hilft mehr, war gestern. Weniger ist manchmal mehr, ist heute.

Die richtige Balance in deinem täglichen Training macht den Unterschied.

Wenn du weißt, in welchem Zustand sich dein Körper befindet, kannst du dein Training in puncto Umfang und Belastung genau so gestalten, dass du danach ein besserer Basketballer bist als vorher.

Regelmäßiges Monitoring hilft dir dabei, die exakte Mischung zu finden aus basketballspezifischem Athletiktraining, Eisen stemmen, individuellen Work-outs und klassischem Teamtraining.

Lukas Lai macht den Unterschied, denn er kennt die Mischung, die zum Erfolg führt.

In gemeinsamer Arbeit haben wir in vier Jahren das kränkelnde Traditionsteam der Gießen 46ers zurück in die Erstklassigkeit geführt und dort etabliert. Wir haben regelmäßig Grenzen verschoben und waren immer nah dran, aus Spielern und Team das Maximum herauszuholen.

Auch dich wird er ans Limit führen.

Er schickt dich nicht zum Waldlauf, um an deiner Ausdauerfähigkeit zu arbeiten. Trotzdem wirst du deine aerobe Kapazität verbessern. Er weiß genau, wann es Zeit für Muskelaufbau ist und wie du deine Explosivität verbesserst. Er gibt dir genug Zeit zur Erholung und deinem Körper Angebote, smart zu regenerieren. Du wirst überrascht sein, wie vielfältig du die trainingsfreie Zeit nutzen kannst und dabei deinen Körper auf die nächste Einheit vorbereitest.

Und solltest du dich doch mal verletzen, so wird er dir zeigen, wie du noch stärker zurückzukommst, ohne dabei wertvolle Zeit zu verschwenden.

Bist du ein ambitionierter Basketballer und hast keine Lust, dein Talent zu verschwenden? Dann sei smart und hole dir Lukas in dein Team.

Basketball Performance Training ist ein Muss. Dein Begleiter. Dein persönlicher Coach.

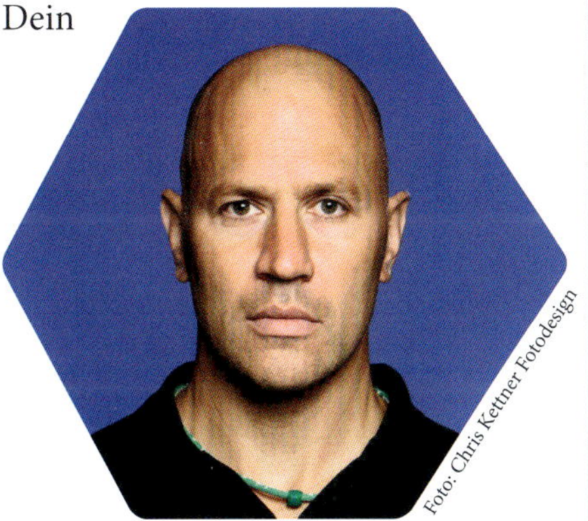
Foto: Chris Kettner Fotodesign

Dein Wegweiser.

In jeder Situation, zu jeder Zeit. Ob während der Saison, danach oder vor der nächsten.

Er ist für dich da.

Work hard. Work smart.

Denis Wucherer

Coach

DANKSAGUNG

Mein größter Dank gilt meinen Eltern, die mir meine Ausbildung ermöglicht und damit den Grundstein für meine heutige Arbeit gelegt haben.

Ohne die Unterstützung meiner Frau Katharina, die mir in vielerlei Hinsicht den Rücken freigehalten hat, wäre dieses Buch niemals entstanden. Ich hätte es ohne Hilfe ihrerseits nicht geschafft, zusätzlich zum Berufsalltag dieses Buch zu schreiben.

In den neun Jahren Arbeit im professionellen Basketball haben mich viele Personen geprägt und gefördert. Ohne deren Vertrauen und Kooperation wäre ich nicht in der privilegierten Position, ein Buch zu veröffentlichen. Danke dafür an Dirk Lösel, der mir als Arbeitgeber den Zugang zu den Gießen 46ers ermöglicht hat. Danke an die Bundesliga-Coaches, Björn Harmsen, Mathias Fischer, Denis Wucherer und Ingo Freyer. Danke an die Trainer der Nationalmannschaften, Kay Blümel, Harald Stein und Alan Ibrahimagic. Durch deren Vertrauen, ihrer gleichzeitigen konstruktiven Kritik und ihrem professionellen Rat konnte ich mein Schaffen stets auf ein neues Level heben.

Danke an meine Kollegen, die ich sehr schätze und von denen ich viel lernen durfte: Stefan Adler, der mein erster Kontakt zu einem Athletiktrainer im Basketball und richtungsweisend für meinen Werdegang war. Gerrit Keferstein, sicherlich mit einer der innovativsten Trainer des Landes. Die Galionsfigur der deutschen Basketball-Athletiktrainer der vergangenen zehn bis fünfzehn Jahre, Marcus Lindner. Dennis Wellm, mit dem ich den regelmäßigsten Austausch habe. Volker Sutor und das ganze FOMT-Team, die in Bezug auf Rehabilitation und Physiotherapie das Maß der Dinge in Deutschland sind.

Dank gilt auch den Athleten, welche sich heute mehr denn je mit dem Thema Leistungssteigerung auseinandersetzen.

Weiterhin möchte ich Fabian Hackenberg danken, der die zahlreichen Fotos gemacht hat. Danke an Brandon Thomas und Leon Okpara, die uns als Models beim Fotoshooting unterstützt haben.

Ich danke dem Richard Pflaum Verlag, der dieses Projekt erst ermöglicht hat. Insbesondere Christian Wittmann gilt mein Dank, der jeden Schritt betreut, mich unterstützt und mir die Ruhe zum Schreiben gegeben hat. Danke an Isabell Lieb, die mich in Bezug auf Titelfindung und Buchcover begleitet hat. Danke auch an meine Lektorin, Susanne Wiedl, für den Feinschliff des Buches.

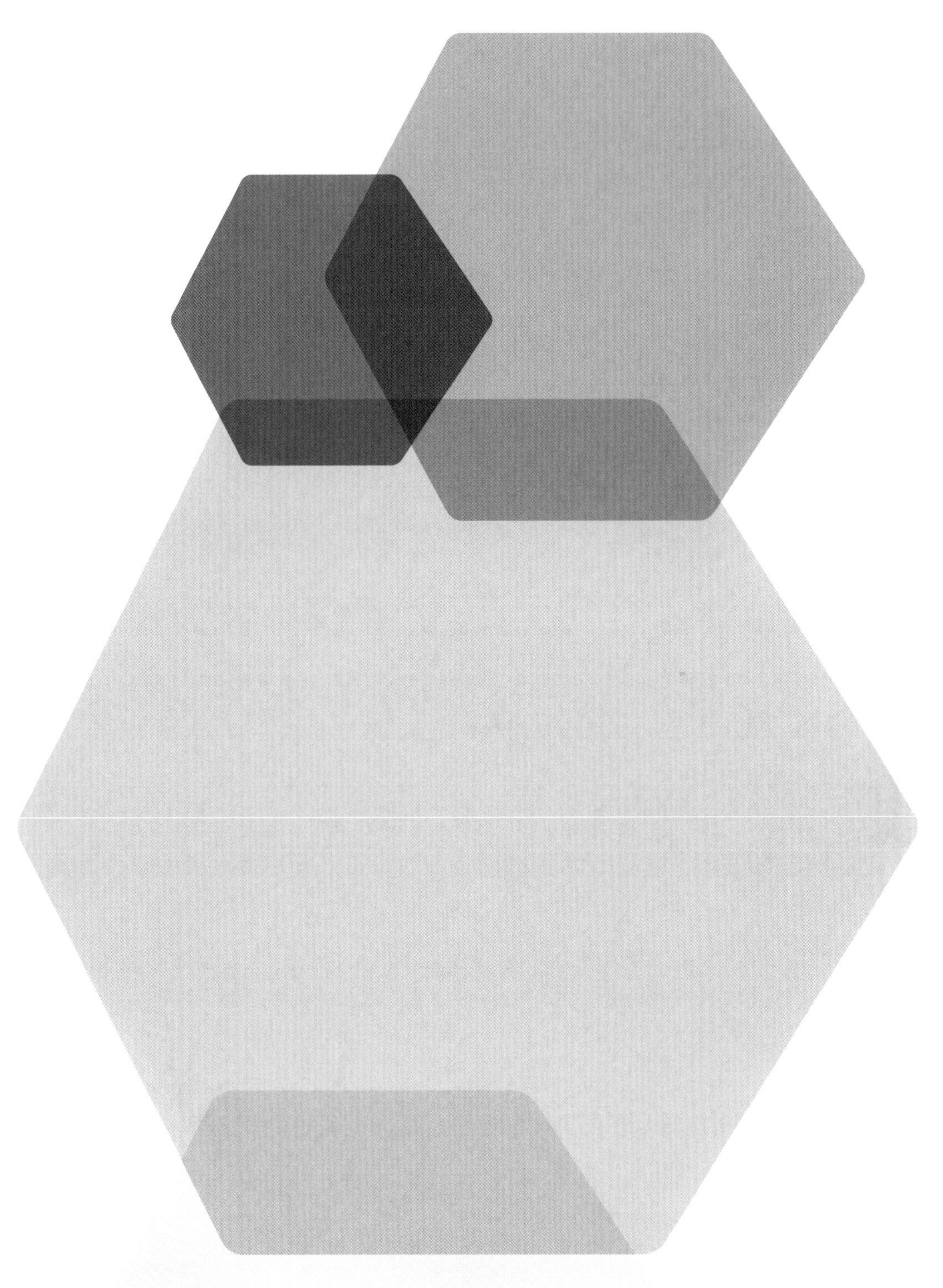

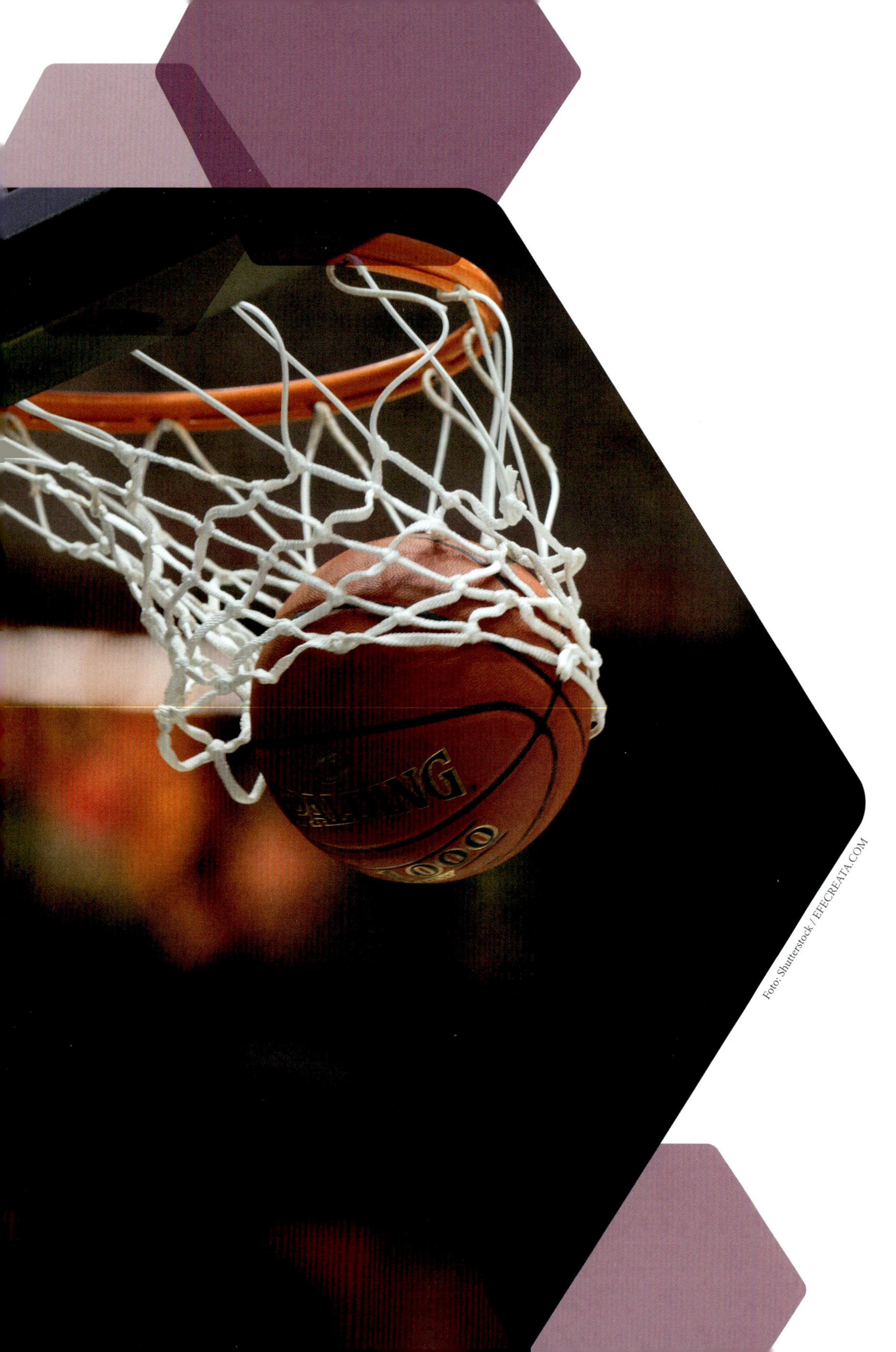

Foto: Shutterstock / EFECREATA.COM

1 Einleitung

Basketball ist relativ einfach zu erklären. Auf einem Spielfeld steht oder hängt an jedem Ende ein Korb. Eine Mannschaft von fünf Feldspielern muss innerhalb einer vorgegebenen Zeit versuchen, den Gegner daran zu hindern, einen Ball in den Korb zu werfen und gleichzeitig mehr Treffer zu landen. Hinzu kommen Regeln wie Fouls, zusätzliche Zeitregeln, erlaubte Bewegungen usw.

Basketball ist jedoch viel mehr als nur ein Spiel.

Ich erinnere mich an Michael Jordan, wie er auf Höhe der Freiwurflinie mit ausgestrecktem Arm eine gefühlte Ewigkeit verharrt, nachdem er den entscheidenden Wurf der 6. Meisterschaft mit den Bulls gewinnt.

Ich erinnere mich an Dirk Nowitzki, der meinem Heimatverein Gießen als 19-Jähriger 34 Punkte einschenkt und danach noch Autogramme schreibt, bis seine Teamkollegen schon wieder aus der Dusche kommen.

Basketball ist Lifestyle. Mode und Musik sind mit dem Sport verbunden. Redewendungen und Handschläge aus dem Basketballumfeld prägen Generationen.

Der deutsche Basketball ist geprägt durch Athleten aus den USA und dem ehemaligen Jugoslawien. Man könnte Wörterbücher mit Floskeln, Anfeuerungen, Beschimpfungen und anderen Ausrufen füllen.

Ich erinnere mich noch an meine ersten Wurfversuche mit einem Ball, der mir viel zu schwer und zu groß vorkam. Der Korb hing viel zu hoch. Gerade deshalb war ich wahrscheinlich umso faszinierter von den Bundesligaprofis des MTV Gießen, die mit Leichtigkeit, fast schon Arroganz, den Ball bewegten.

Ich erinnere mich an meinen ersten Korb, handgeschweißt von meinem Opa. Auf einer Höhe von ungefähr 150 cm aufgehängt, diente er mir dazu, sämtliche Highlight Dunkings von Shawn Kemp nachzuahmen.

Zu jedem Spiel der Gießener Bundesligamannschaft versuchte ich, schon vor Anpfiff in der Halle zu sein, um die Dunks zu bestaunen, welche die Spieler schon zum Aufwärmen machten. Diese ästhetische Darstellung von Athletik hat mich von Anfang an fasziniert. So fing ich also an, mich mit Sprungkrafttraining zu befassen. Mein erstes Programm bestellte ich aus den USA. Es war relativ übersichtlich und bestand aus verschiedenen Sprungvariationen. Auch die legendären Jump Soles (Schuhe, bei denen der Träger nur den Vorfuß belastet) waren Teil meines Übungsprogramms.

Heute weiß ich, dass diese Art von Training nicht einmal die halbe Miete für einen 360° Windmill ist. Außerdem weiß ich, dass einige der besten Springer nie bestimmte Übungen absolviert haben. Sie sind einfach gesprungen und haben immer neue Dunks ausprobiert.

In neun Jahren Arbeit als Physiotherapeut und Athletiktrainer einer Bundesligamannschaft im Basketball sowie verschiedener Nationalmannschaften durfte ich viel lernen. Die meisten Erfahrungen konnte ich durch einfaches Ausprobieren machen. Über etwas lesen, hören oder sehen, danach ausprobieren und schließlich bewerten, ob die Methode funktioniert, ist meiner Meinung nach der beste Weg zum Erfolg. Das Ergebnis aus diesen Erfahrungen habe ich in leicht zu lesender und anzuwendender

Weise aufgeschrieben. Der so entstandene Ratgeber soll dem Leser Ideen an die Hand geben, wie er selbst als Athlet seine Leistung steigern oder dem Coach helfen kann, sein Team noch besser zu betreuen.

Im Kapitel „Tests – das Grundgerüst“ werden einfach durchzuführende Überprüfungen beschrieben, welche den Status quo des Athleten erfassen. Vergleiche innerhalb einer Mannschaft, zu anderen Spielern oder zum gleichen Athleten im Verlauf sind so möglich.

Das Kapitel „Monitoring – Work + Rest = Success“ befasst sich mit dem Sammeln von Daten, welche Aufschluss über die Frische des Spielers geben und zur Trainingssteuerung herangezogen werden können.

„Regeneration – recover like a Champ!“ befasst sich mit Maßnahmen, die der optimalen Erholung dienen sollen.

Im Kapitel „Krafttraining - der Motor“ werden sämtliche für Basketballer wichtigen Kraftkomponenten beleuchtet. Jeder vorgestellten Methode werden Belastungsparameter zugeordnet, sodass das Gelesene direkt in die Praxis umgesetzt werden kann. Gleiches gilt für das Kapitel „Ausdauertraining - die perfekte Kombination aus Motor und Tank“.

Im abschließenden Kapitel „Rehabilitation – come back stronger!“ werden Rehabilitationsschemata für häufige Verletzungen vorgestellt.

Die bewusste einfach und knapp gehaltene Ansprache soll einen praxisbezogenen Zugang ermöglichen. Natürlich sind wissenschaftlich untermauerte Erkenntnisse von großem Wert. Diesbezüglich findet der Leser auch regelmäßig Verweise. Dennoch müssen diese evidenzbasierten Erkenntnisse praktisch umgesetzt werden. Eine Möglichkeit dazu zeigt das vorliegende Buch.

Das ist mein Beitrag zum Basketball. Das ist „Basketball Performance Training“!

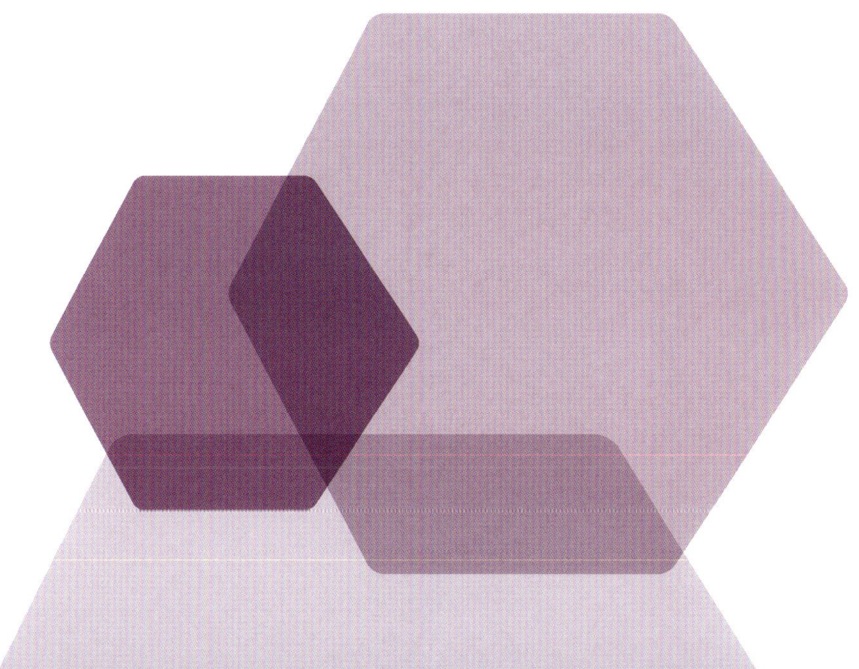

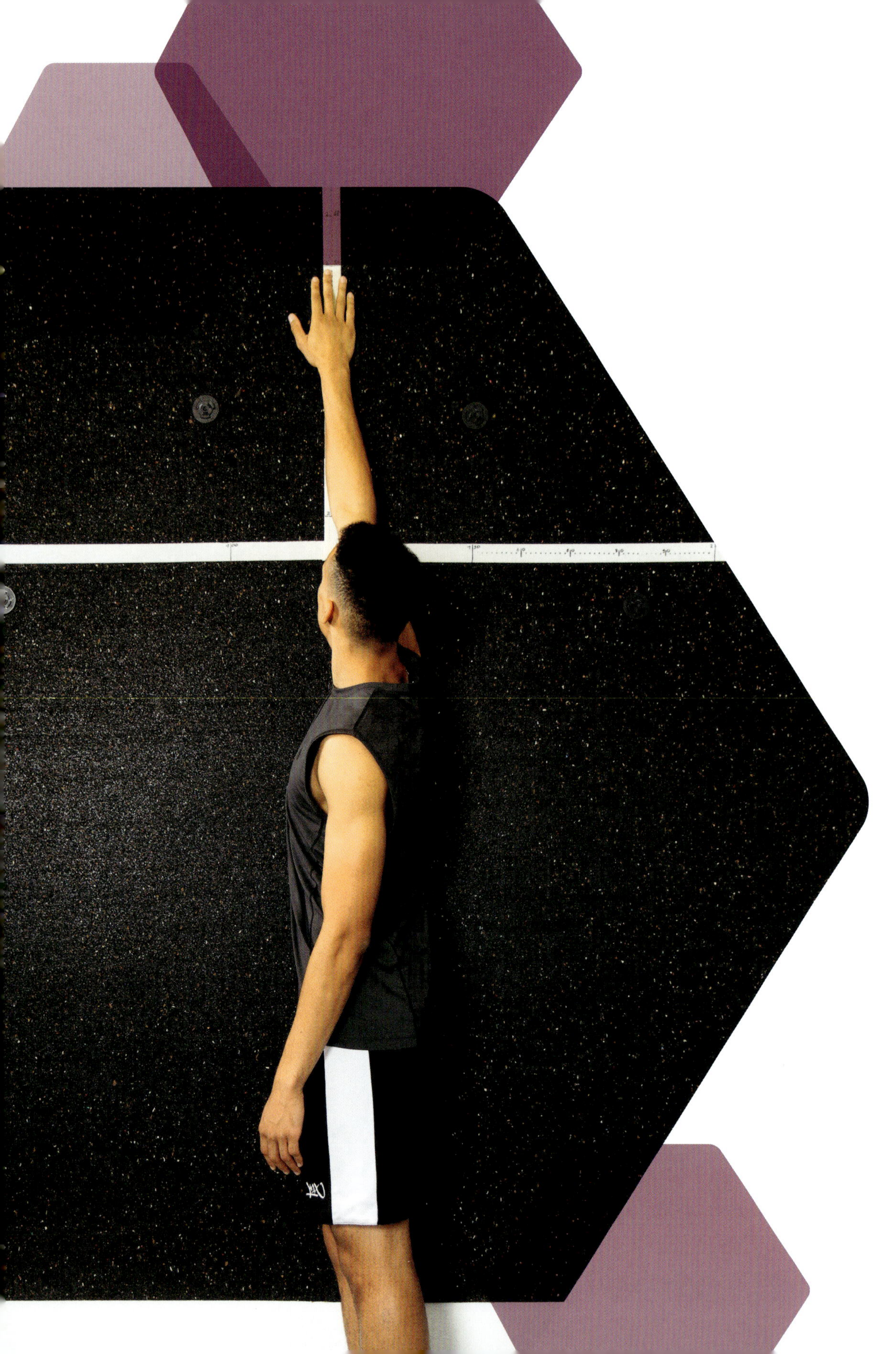

Tests – das Grundgerüst

2

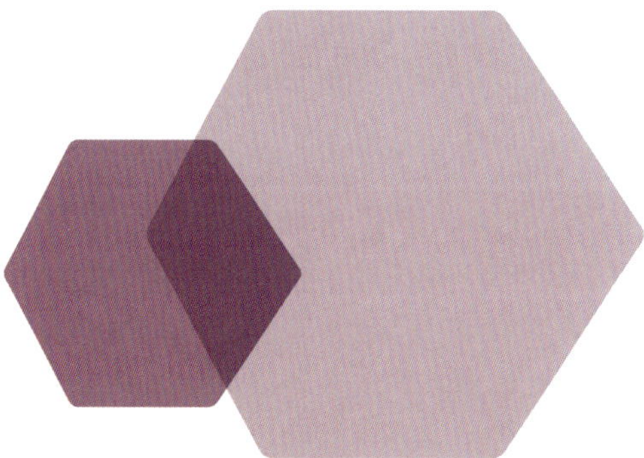

Welche athletischen Voraussetzungen sollte ein Basketballer haben, um auf höchstem Level agieren zu können?

Der durchschnittliche Profi-Basketballer ist etwa zwei Meter groß, hat einen muskulösen Körperbau, kann hoch springen und gleicht eher einem Sprinter über 100 oder 200 Meter als einem Marathonläufer. Natürlich gibt es Ausnahmen. So setzen sich immer wieder auch Spieler bis in die höchsten Spielklassen durch, die die 180 cm Körpergröße nicht erreichen oder optisch eher einem Kugelstoßer ähneln als einem Sprinter. Jede dieser Ausnahmen hat jedoch eine gewisse Grundathletik, welche ihnen erlaubt, auf dem jeweilig höchsten Niveau zu spielen. Um herauszufinden, was die Grundvoraussetzung an Athletik für einen Top-Basketballer ist, oder welche Fähigkeiten dieser noch verbessern sollte, müssen Tests durchgeführt werden. Um Vergleichswerte zu erhalten, sollten die Tests natürlich in einer gewissen Regelmäßigkeit gemacht werden.

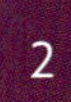

2.1 KÖRPERKOMPOSITION

Allgemeine Körperwerte

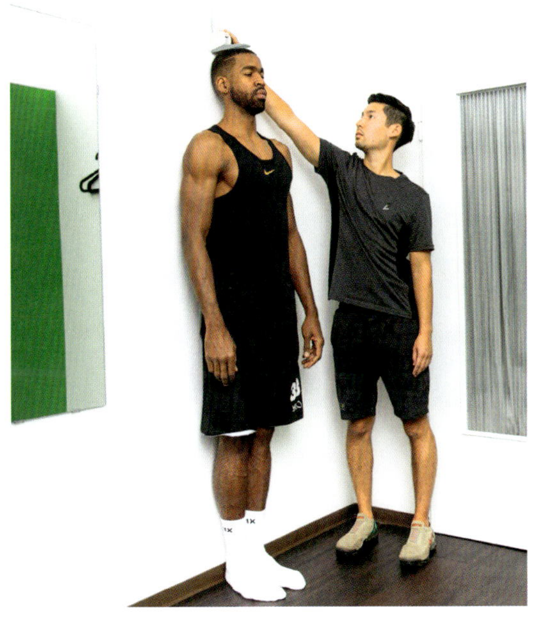

Körperhöhe

Gemessen wird die Körperhöhe möglichst morgens, ohne Schuhe. Mindestens einmal pro Jahr.

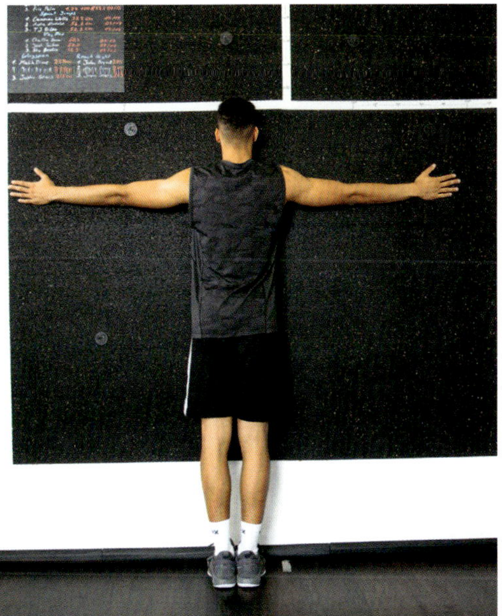

Spannweite

Die Spannweite wird an einer Wand oder auf dem Boden vom längsten Finger rechts bis zum längsten Finger links gemessen. Mindestens einmal pro Jahr.

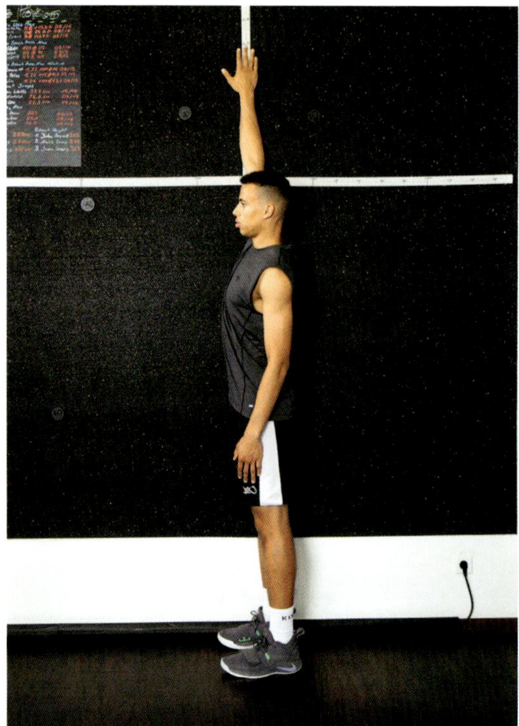

Reichhöhe

Die Reichhöhe wird an einer Wand gemessen. Mindestens einmal pro Jahr.

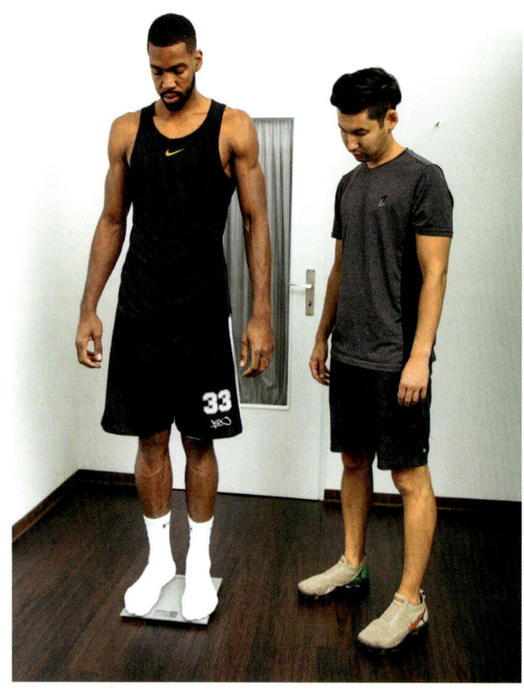

Körpergewicht

Das Gewicht sollte alle drei Wochen überprüft werden, da große Schwankungen auch ein Hinweis auf mangelnde Regeneration sein können. Wichtig ist, dass das Körpergewicht immer in Zusammenhang mit dem Körperfettanteil betrachtet wird. Während der Saisonvorbereitung oder eines Turniers kann es sinnvoll sein, das Körpergewicht täglich zu erfassen, um den Flüssigkeitshaushalt zu kontrollieren.

Körperfettanteil

Gewichtskontrolle macht nur Sinn, wenn gleichzeitig der Anteil an Körperfett gemessen wird. Nur so wird erkennbar, ob durch Training funktionelle Muskelmasse aufgebaut wird. Die Hautfalten-Messmethode (Kalipermetrie) ist die häufigste Methode, um den Körperfettanteil zu messen. Diese Technik ist kostengünstig und relativ einfach durchzuführen. Die Ergebnisse können jedoch einen Messfehler von 3 Prozent aufweisen [16].

Sehr genau kann das Körperfett apparativ gemessen werden. Bei der Luftverdrängungsplethysmographie setzt sich der Sportler in eine kleine abgeschlossene Kapsel, wo durch Luftverdrängung über weitere Berechnungen dann der reale Körperfettanteil herausgefunden wird. Diese Methode steht natürlich nicht jedem zur Verfügung, außerdem ist sie ziemlich kostenintensiv. Sogar ein Röntgenbild kann Aufschluss über den Körperfettanteil geben. Die Strahlenbelastung relativiert natürlich den Aufwand.

Hautfaltenmessungen sind mit dem Glauben begründet, dass etwa 50 Prozent des gesamten Körperfettes direkt unter der Haut liegen. Eine Messung der Dicke einer Hautfalte an standardisierten Punkten kann durch weitere Berechnungen den Körperfettanteil definieren, unter Einbezug von Geschlecht, Alter, Körpergröße und Gewicht. Der Köperfettanteil sollte mindestens dreimal während der Saison gemessen werden: vor der Saison, zu Beginn der Saison und in der Saisonmitte. Die Messmethode mit einem Kaliper an sieben Hautfalten nach Jackson und Pollock [20] empfiehlt sich.

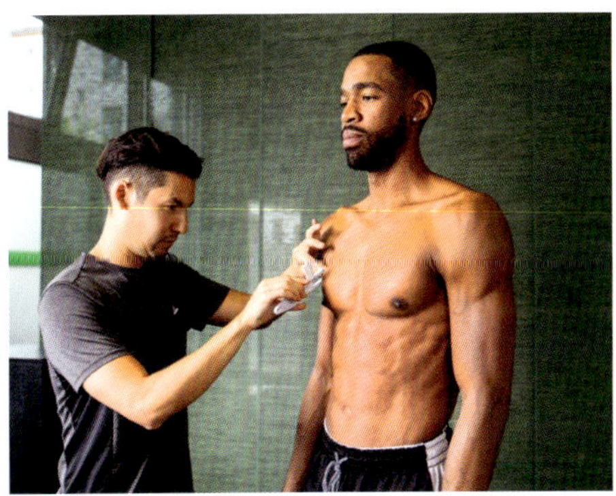

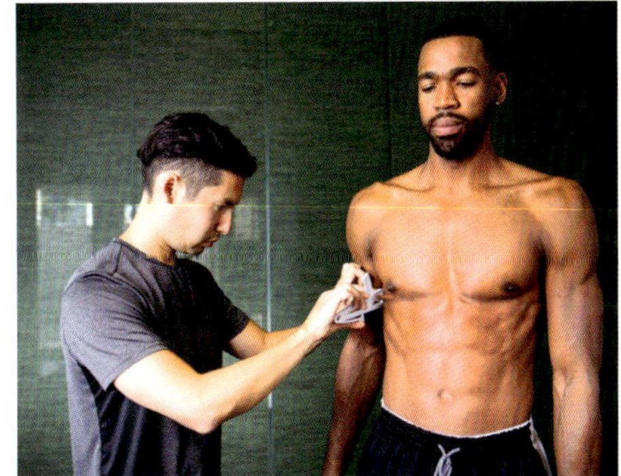

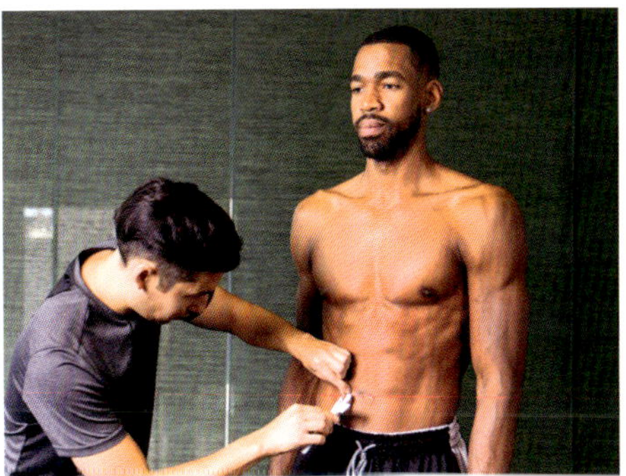

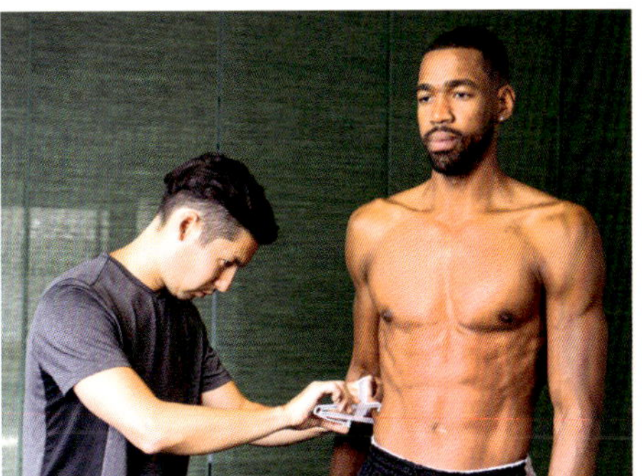

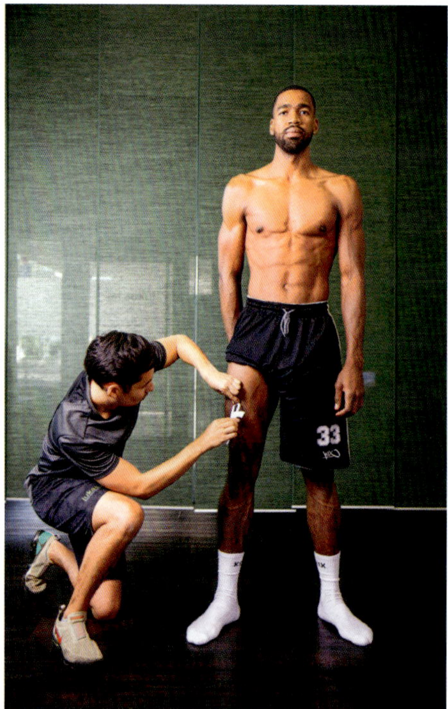

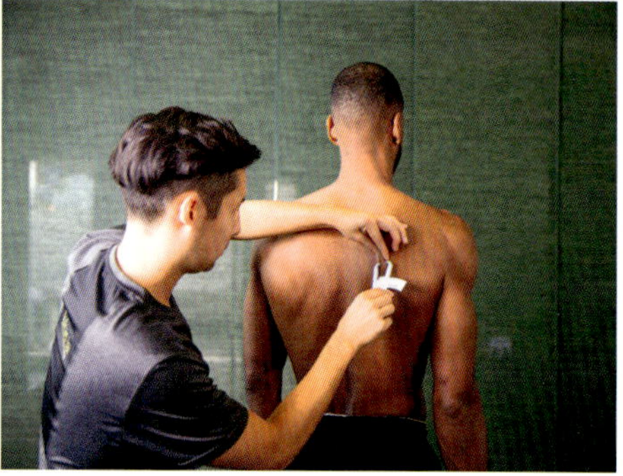

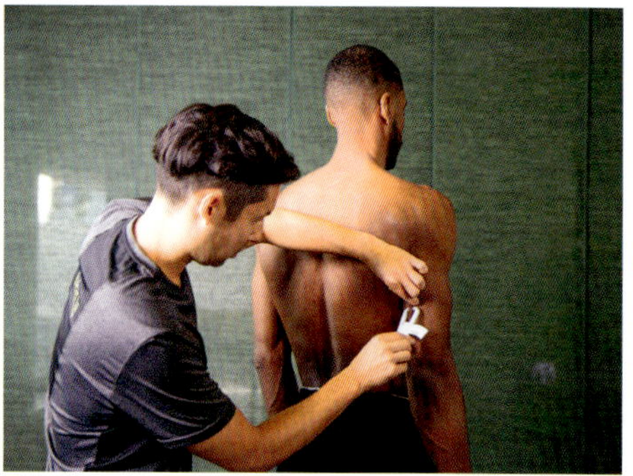

Um eine Exaktheit der Messung zu erreichen, sollte ein standardisiertes Testprotokoll beachtet werden:

- Sämtliche Messungen an der rechten Körperseite.
- Daumen und Zeigefinger in einem Abstand von etwa acht Zentimetern zueinander, senkrecht zur markierten Hautfalte.
- Hautfalte wird etwa einen Zentimeter über dem Messpunkt etwas nach oben gehoben.
- Hautfalte wird während der Messung nicht losgelassen.
- Mindestens zwei Messungen pro Hautfalte.

Normwerte für professionelle Basketballer

Point Guards / Shooting Guards	Etwa 11 %
Small Forwards / Power Forwards	11-14 %
Center	11-15 %

[4]

2.2 BEWEGLICHKEIT

Eine gute Beweglichkeit bedeutet nicht, einen Spagat zu schaffen oder die verrücktesten Verrenkungen wie ein Schlangenmensch zu absolvieren. Vielmehr ist Beweglichkeit als „Das Vermögen, den Körper in vielen Ausgangspositionen zu stabilisieren", zu verstehen.

Functional Movement Screen (FMS)

Der 1998 von Gray Cook veröffentlichte Functional Movement Screen (FMS) ist ein standardisiertes Screening Tool, welches erlaubt, die Qualität von Bewegungsmustern gesunder, aktiver Probanden systematisch und wiederholbar zu messen und zu erfassen. Die aufgezeichneten, fundamentalen Bewegungsmuster, Asymmetrien und Bewegungseinschränkungen führen zu individuellen Empfehlungen (korrigierende Übungen).

Der FMS besteht aus einem käuflich zu erwerbenden Testkit. Mit Hilfe von sieben Bewegungen sowie drei „Clearing Tests" (Schmerzprovokationstests) werden anhand qualitativer Bewegungskriterien die einzelnen Bewegungsmuster getestet. Null Punkte werden bei auftretendem Schmerz vergeben. Ein Punkt, wenn die Bewegung nicht ausgeführt werden kann. Zwei Punkte erhält die Testperson, wenn die Bewegung zwar ausgeführt wird, jedoch mittels Kompensation. Drei Punkte werden vergeben bei einer Bewegungsausführung, die sämtlichen Kriterien entspricht.

Verbale Instruktionen zur Durchführung des Functional Movement Screens

Generell sollte der Athlet bei jeder Bewegung nach eventuell auftretenden Schmerzen gefragt werden.

The Functional Movement Screen!

Athlet:
Tester:
Datum:

Test		Raw Score	Final Score	Comments
Deep Squat				
Hurdle Step	L			
	R			
Inline Lunge	L			
	R			
Shoulder Mobility	L			
	R			
Impingement CT	L			
	R			
Active Straight-LR	L			
	R			
Trunk Stability Pushup				
Press-Up CT				
Rotary Stability	L			
	R			
Posterior Rocking CT				
TOTAL				

Abbildung 1: FMS-Scoresheet

Deep Squat (DS)

- Aufrechter Stand, Füße stehen schulterbreit und zeigen nach vorne.
- Halte die Stange mit beiden Händen auf deinem Kopf, das Ellenbogengelenk soll dabei 90° angewinkelt sein. Strecke dann die Arme nach oben aus!
- Gehe so tief in die Knie wie möglich, während dein Oberkörper aufrecht ist. Die Fersen bleiben auf dem Boden.
- Bleib kurz in dieser Position und kehre in die Ausgangsposition zurück.

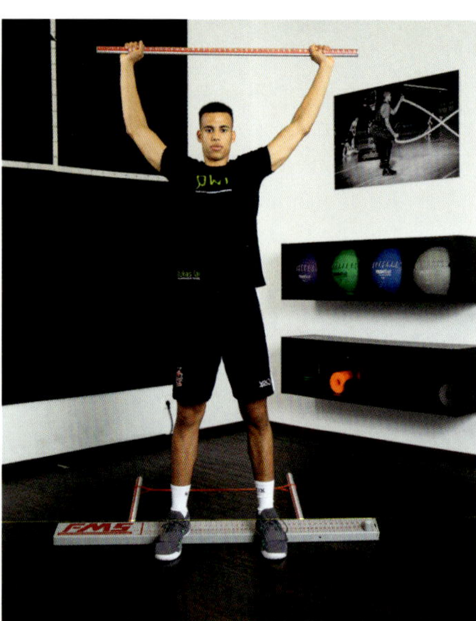

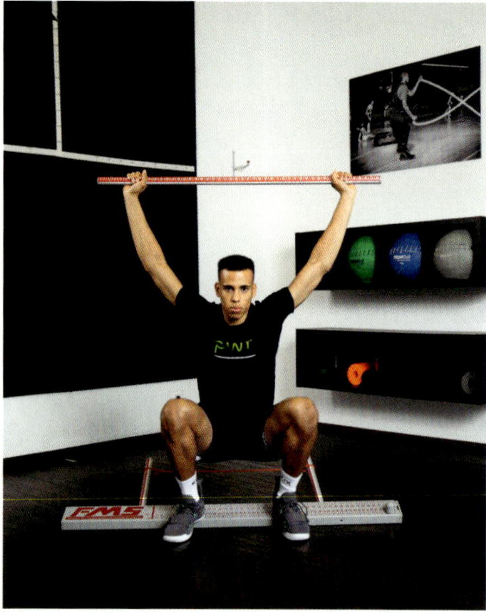

Scoring

3 Punkte	Oberkörper befindet sich in der Frontalansicht parallel zu den Unterschenkeln. - Hüfte ist tiefer als Knie - Knie im Lot über den Füßen - Stick im Lot über den Füßen
2 Punkte	Oberkörper befindet sich in der Frontalansicht parallel zu den Unterschenkeln. - Hüfte ist tiefer als Knie - Knie im Lot über den Füßen - FMS Test-Board unter den Fersen (macht die Bewegung einfacher)
1 Punkt	Oberkörper befindet sich in der Frontalansicht nicht parallel zu den Unterschenkeln. - Hüfte ist nicht tiefer als Knie - Knie ist nicht im Lot über den Füßen - Der Rücken wird gekrümmt - FMS Test-Board unter den Fersen (macht die Bewegung einfacher)

Hurdle Step (HS)

- Die Höhe des Gummibandes ist der Abstand vom Boden bis zur Tuberositas tibiae direkt unter der Kniescheibe.
- Aufrechter Stand, die Füße stehen zusammen und berühren mit den Fußspitzen das Brett.
- Halte die Stange mit beiden Händen hinten zwischen den Schulterblättern.
- Während du deine aufrechte Körperhaltung beibehältst, hebe das rechte Bein an und steige über die Hürde. Ziehe deine Fußspitze in Richtung Schienbein und behalte Hüfte, Knie und Sprunggelenk auf einer Höhe.
- Berühre den Boden mit der Ferse und komme in die Ausgangsposition zurück, während du Fuß und Sprunggelenk im Lot mit Knie und Hüfte hältst.

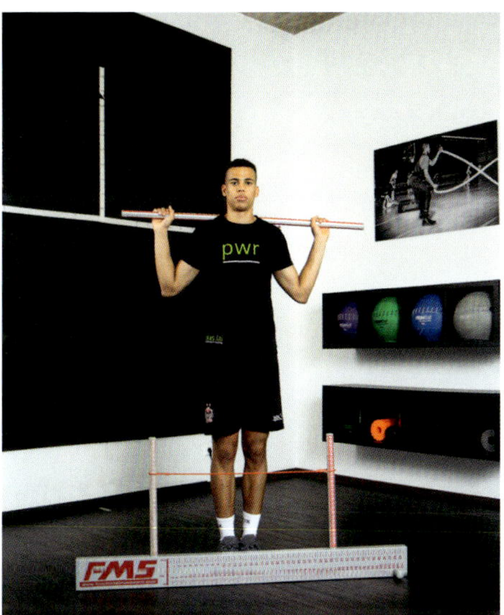

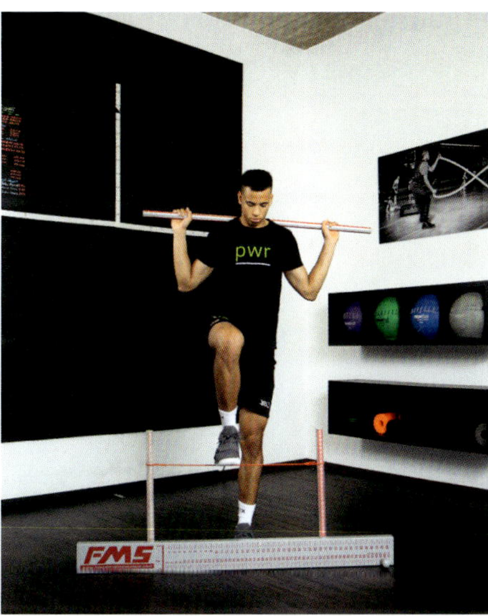

Scoring

3 Punkte	- Hüfte, Knie und Füße sind im Lot übereinander - Wenig Bewegung in der LWS - Gummiband und Stick im Nacken sind parallel
2 Punkte	- Hüfte, Knie und Füße sind nicht im Lot übereinander - Viel Bewegung in der LWS - Gummiband und Stick im Nacken sind nicht parallel
1 Punkt	- Kontakt zum Gummiband während der Ausführung - Verlust der Balance

Inline Lunge (ILL)

- Halte die Stange entlang der Wirbelsäule, sodass sie Hinterkopf, oberen Rücken und Kreuzbein berührt.
- Die rechte Hand sollte deinen Nacken berühren, die linke Hand die Lendenwirbelsäule.
- Stelle dich mit dem rechten Fuß auf das Brett, sodass die Fußspitze auf der 0 steht.
- Die Ferse des linken Fußes stellst du auf die Position X (Position X = Tub. tib. – Bodenabstand aus Hurdle Step (HS)) (Modell macht die Bewegung seitenverkehrt in der Abbildung).
- Beide Fußspitzen zeigen nach vorne.
- Behalte diese aufrechte Körperhaltung, sodass du im Kontakt zur Stange bleibst, gehe mit dem vorderen Bein in die Knie, bis das hintere Knie das Brett berührt.
- Komme zurück in die Startposition.

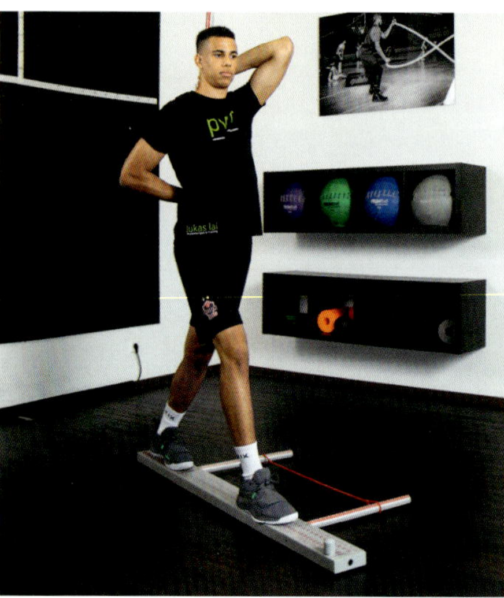

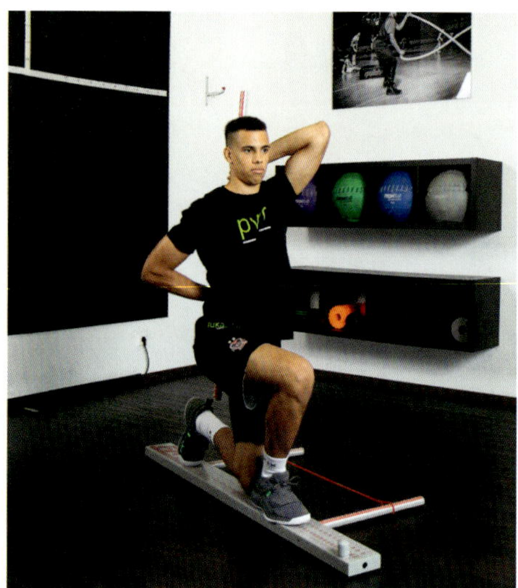

Scoring

3 Punkte	- Kontakte des Sticks zum Hinterkopf, BWS und Gesäß bleiben während der Ausführung bestehen - Keine Bewegung des Rumpfes - Stick und Füße befinden sich in der Sagitalebene - Das Knie berührt das Brett hinter der Ferse des Vorderfußes
2 Punkte	- Kontakte des Sticks zum Hinterkopf, BWS und Gesäß bleiben während der Ausführung nicht bestehen - Bewegung des Rumpfes - Stick und Füße befinden sich nicht in der Sagitalebene - Das Knie berührt nicht das Brett hinter der Ferse des Vorderfußes
1 Punkt	- Verlust der Balance

Shoulder Mobility (SM)

- Aufrechter Stand mit zusammengestellten Füßen und lockeren Armen.
- Mache eine Faust, sodass die Finger die Daumen umschließen.
- Führe in einer Bewegung die rechte Faust über den Kopf und entlang der Wirbelsäule so weit wie möglich nach unten, während du gleichzeitig die linke Faust so weit wie möglich von unten entgegen bewegst.
- Bitte „krieche“ nicht mit deinen Händen zueinander.

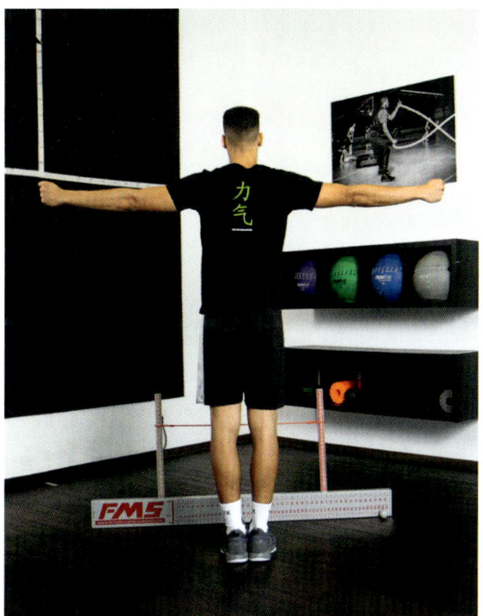

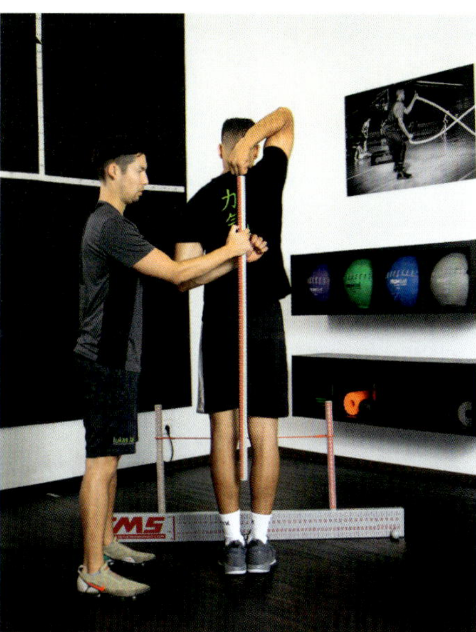

Scoring

3 Punkte	Abstand der Fäuste innerhalb einer Handlänge
2 Punkte	Abstand der Fäuste innerhalb $1\,^1/_2$ Handlängen
1 Punkt	Abstand der Fäuste mehr als $1\,^1/_2$ Handlängen

Active Scapular Stability (Shoulder Clearing)

- Aufrechter Stand mit zusammengestellten Füßen und lockeren Armen.
- Lege deine rechte Handfläche auf die linke Schulter.
- Während du die Hand auf der Schulter ruhen lässt, hebe deinen Ellenbogen so hoch du kannst.
- Schmerz?

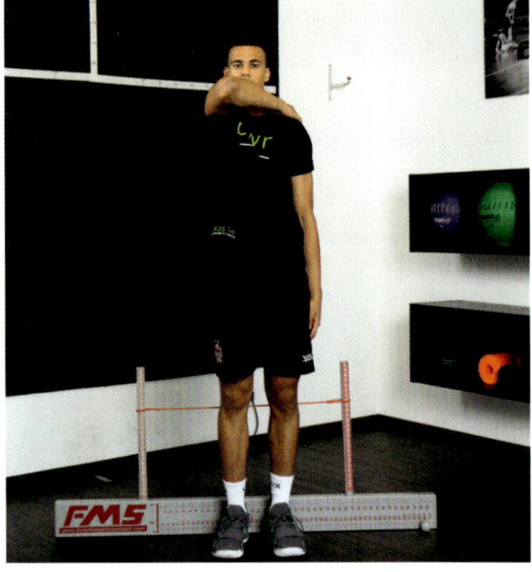

Active Straight Leg Raise (ASLR)

- Liege flach auf dem Rücken mit dem Brett unter den Knien.
- Lege beide Hände mit den Handflächen nach oben neben den Körper.
- Während du das rechte Bein gestreckt (Fußspitze zum Schienbein ziehen) so weit wie möglich nach oben ziehst, behält das linke Bein Kontakt mit dem Brett (Modell macht die Bewegung seitenverkehrt in der Abbildung).

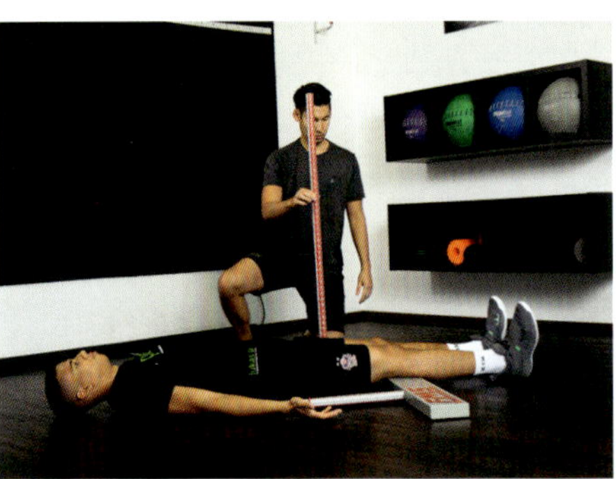

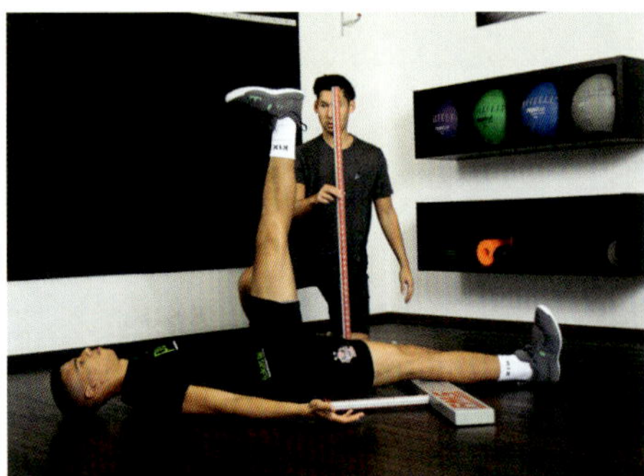

Scoring

3 Punkte	- Bein wird auf 90° angehoben, während das andere Kontakt zum Brett behält
2 Punkte	- Im Lot wird das Bein hinter das Brett gehoben, während das andere Kontakt zum Brett behält
1 Punkt	- Im Lot wird das Bein nicht hinter das Brett gehoben, während das andere Kontakt zum Brett behält

Trunk Stability Push-up (TSPU)

- Lege dich auf den Bauch mit dem Gesicht zum Boden und mit nach vorne ausgestreckten Armen. Die Hände sind schulterbreit auseinander.
- Ziehe deine Arme nach unten, bis deine Daumen auf einer Höhe mit Stirn (Männer) und Kinn (Frauen) sind.
- Der Körper wird als Ganzes in einer Bewegung nach oben gedrückt.

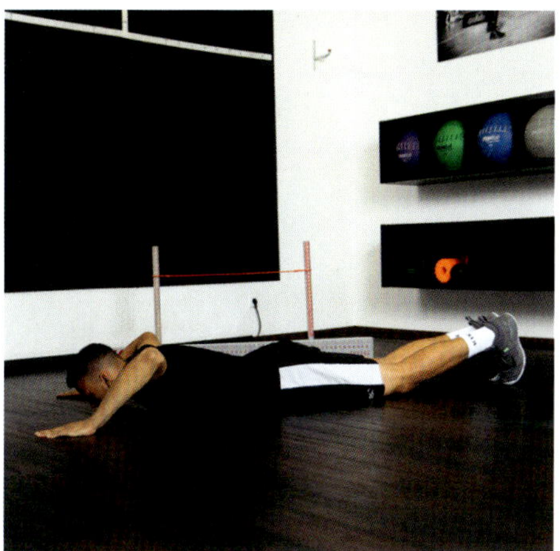

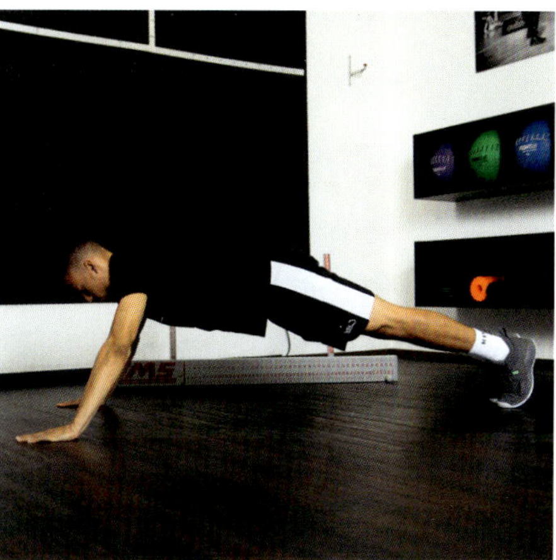

Scoring

3 Punkte	*Männer* - Daumen auf Höhe der Stirn - Der Körper wird als Ganzes in einer Bewegung nach oben gedrückt *Frauen* - Daumen auf Höhe des Kinns - Der Körper wird als Ganzes in einer Bewegung nach oben gedrückt
2 Punkte	*Männer* - Daumen auf Höhe des Kinns - Der Körper wird als Ganzes in einer Bewegung nach oben gedrückt *Frauen* - Daumen auf Höhe des Schlüsselbeines - Der Körper wird als Ganzes in einer Bewegung nach oben gedrückt
1 Punkt	- Handposition Kinn (Männer) bzw. Schlüsselbein (Frauen) - Der Körper kann nicht als Ganzes in einer Bewegung nach oben gedrückt werden

TSPU Clearing Test

- Drücke dich aus der Ausgangsposition des TSPU mit den Armen nach oben.
- Hüfte und Beine bleiben auf dem Boden.
- Schmerz?

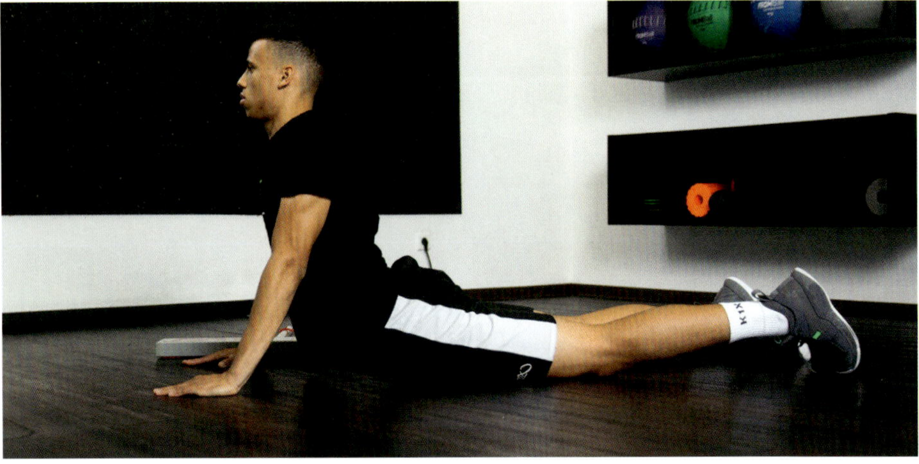

Rotary Stability (RS)

- Begib dich in den Vierfüßlerstand.
- Das FMS Board liegt zwischen Händen und Knien.
- Strecke deinen Arm nach vorne und das Bein derselben Seite (unilateral) nach hinten, ohne dabei Kontakt zum Board zu verlieren (Ausführung, um 3 Punkte zu erreichen).
- Strecke deinen Arm nach vorne und das diagonale Bein nach hinten (Ausführung, um 2 Punkte zu erreichen).
- Bringe Ellenbogen und Knie über dem Board zusammen.
- Schaffst du die Bewegung ohne eine massive Beugung der Wirbelsäule?

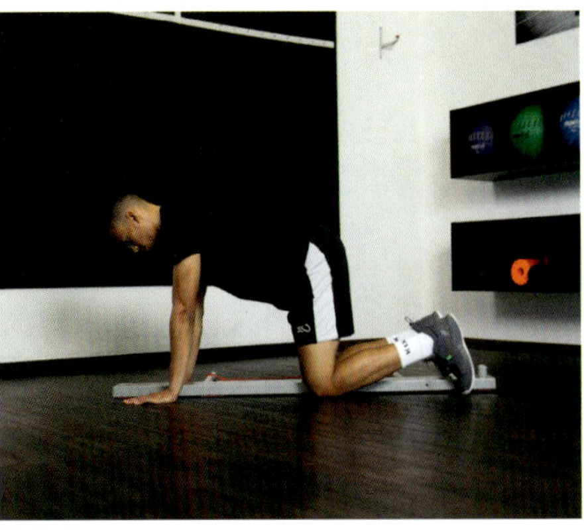

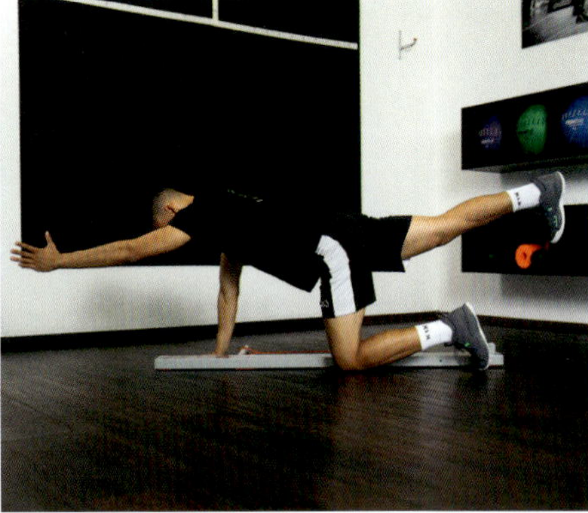

Scoring

3 Punkte	- Wirbelsäule bleibt parallel zum Boden - Eine korrekte unilaterale Bewegung wird ausgeführt
2 Punkte	- Wirbelsäule bleibt parallel zum Boden - Eine korrekte diagonale Bewegung wird ausgeführt
1 Punkt	- Unilaterale Bewegung kann nicht ausgeführt werden

RS Clearing Test

- Aus der Ausgangsposition des RS-Tests wird das Gesäß nach hinten bewegt, während die Arme weit nach vorne gestreckt werden.
- Schmerz?

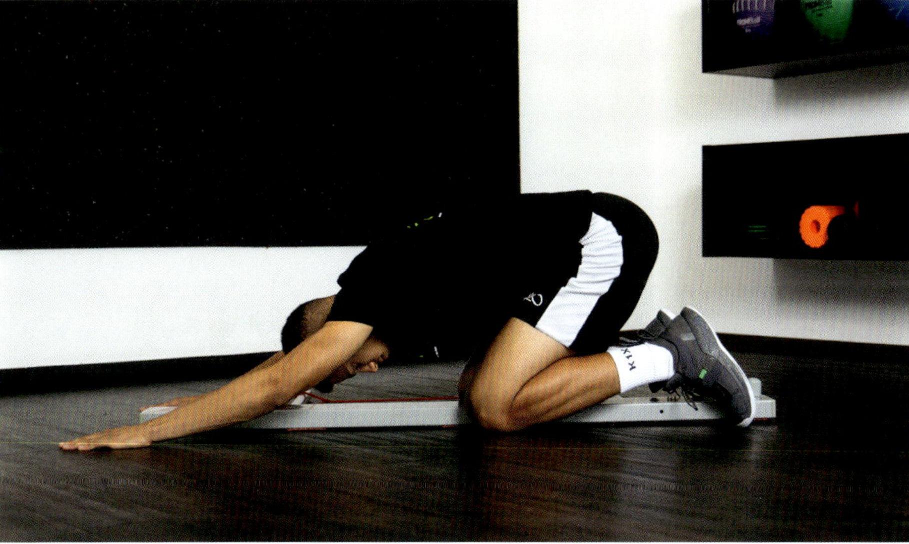

Scoring

Jeder der sieben Bewegungen wird ein Score zugeordnet. Falls bei der Ausführung ein Seitenunterschied festgestellt wird, wird der niedrigere Score als Final Score gewertet. Fällt der Clearing Test positiv aus, wird der zugehörige Test mit null gewertet. So hat die Testperson die Möglichkeit, maximal 21 Punkte zu erreichen.

Auswertung

Score 0	Schmerz tritt bei Bewegung auf
Score 1	Unvollständiges Bewegungspattern
Score 2	Bewegungspattern wird komplett ausgeführt, jedoch mit Kompensation, schlechte Ausführung bzgl. Testkriterien
Score 3	Bewegungspattern wird exakt nach Bewertungskriterien ausgeführt

Liegt das Ergebnis des FMS vor, spielt der Final Score eine untergeordnete Rolle. Vielmehr interessieren die Ergebnisse der einzelnen Bewegungen. Welche Bewegungen können nicht ausgeführt werden? Welche Bewegungen weisen Seitenunterschiede rechts zu links auf?

Konsequenz daraus sind korrigierende Übungen, die die einzelnen Bewegungen des FMS ermöglichen sollen.

In der weiteren Auswertung des Tests ergibt sich also folgende Hierarchie in Bezug auf Korrektur durch korrigierende Übungen:

1. 0
2. Asymmetrische 1 (1/3)
3. Asymmetrische 1 (1/2)
4. Symmetrische 1 (1/1)
5. Asymmetrische 2 (2/3)
6. Symmetrische 2 (2/2)

Dies bedeutet, dass eine Bewegung, die mit einer Null gewertet wird, zuerst korrigiert werden bzw. ein Abklären der Schmerzursache vorhergehen sollte. Dem sollte eine Asymmetrische 1 mit einem großen Seitenunterschied (1/3) folgen, danach eine Asymmetrische 1 mit kleinem Unterschied (1/2) usw.

Weiterhin werden die einzelnen Bewegungen in nachfolgender Reihenfolge korrigiert:

1. ASLR
2. SM
3. RS
4. TSPU
5. ILL
6. HS
7. DS

Dies geschieht mit dem Hintergedanken, dass eine Bewegungsauffälligkeit in einer einfachen Bewegung die Ursache für ein Defizit in einer eher komplexeren Übung sein kann. Beispielsweise kann eine defizitäre Shoulder Mobility unter anderem Ursache für einen schlechten Deep Squat sein. Die Korrektur der Shoulder Mobility steht also bei einem erfassten Defizit in Deep Squat und Shoulder Mobility vor diesem.

So bekommt der Athlet in der Konsequenz des durchgeführten FMS verschiedene korrigierende Übungen. Spätestens nach drei Monaten sollte ein erneuter Test durchgeführt werden.

Korrigierende Übungen

DS	Sumo Squat Mobi
HS	Hurdle Step Mobi
ILL	Lunge + Band
SM	Blackroll Reaches
ASLR	Leg Lowering
TSPU	Push-up Position Arm Lifts
RS	Bird Dog

[8]

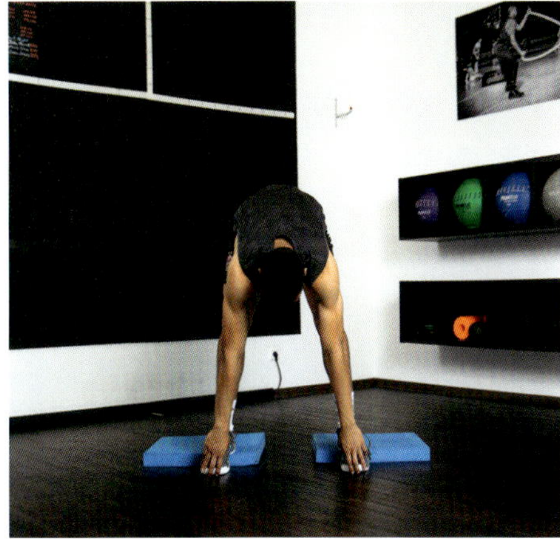
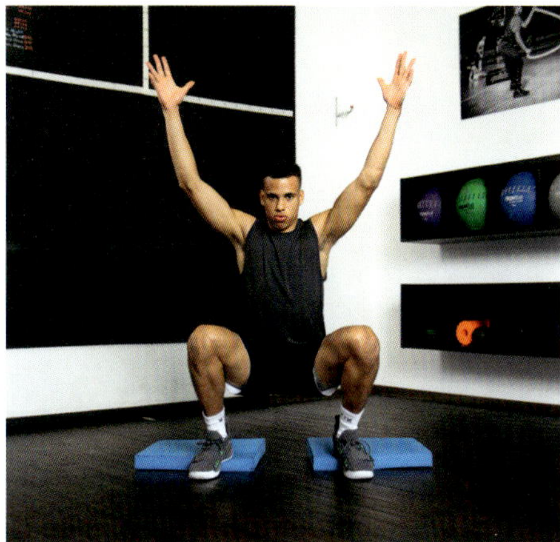

(Sumo Squat Mobi)

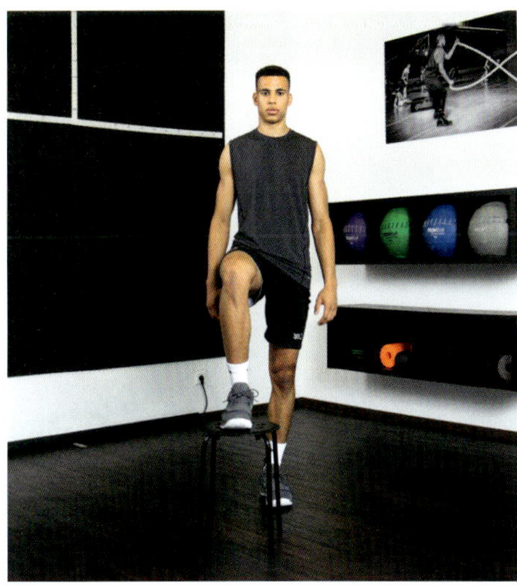
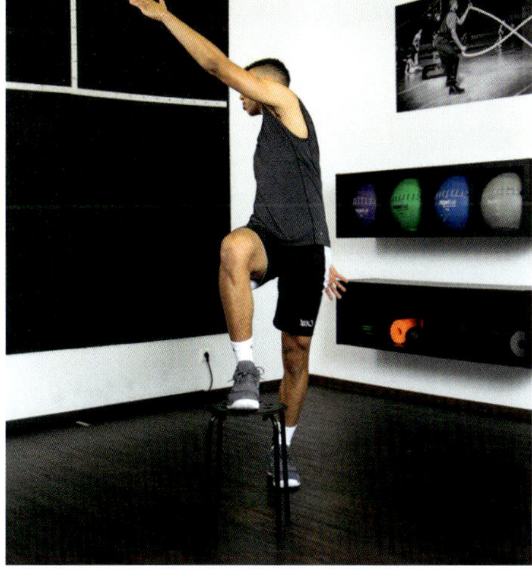

(Hurdle Step Mobi)

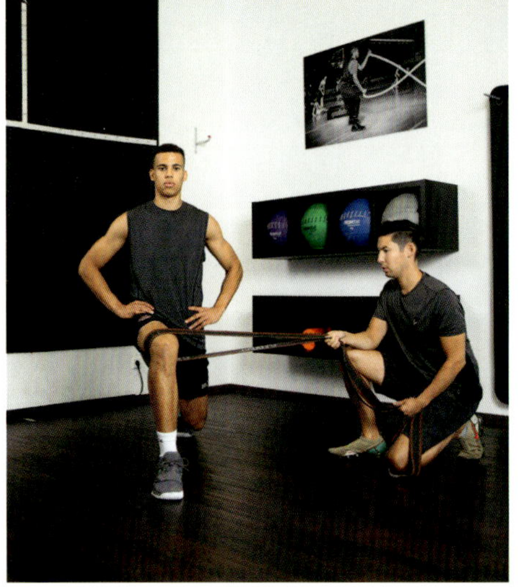

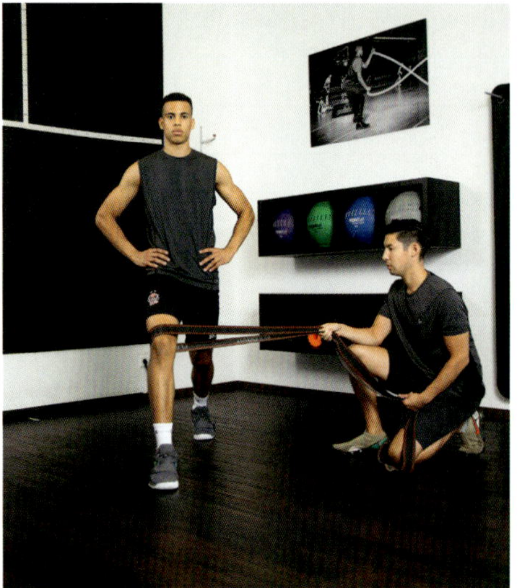

(Lunge + Band)

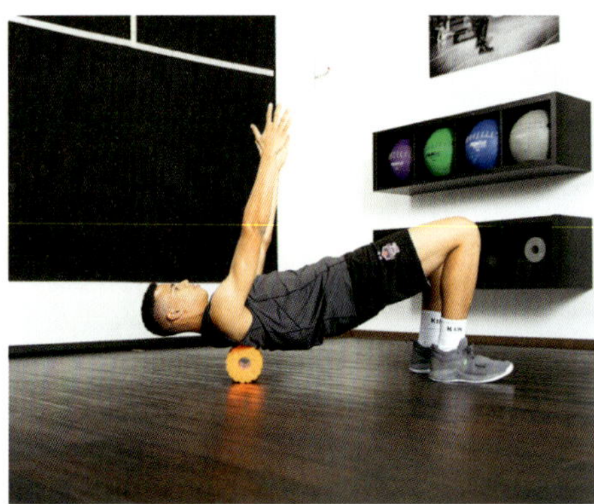

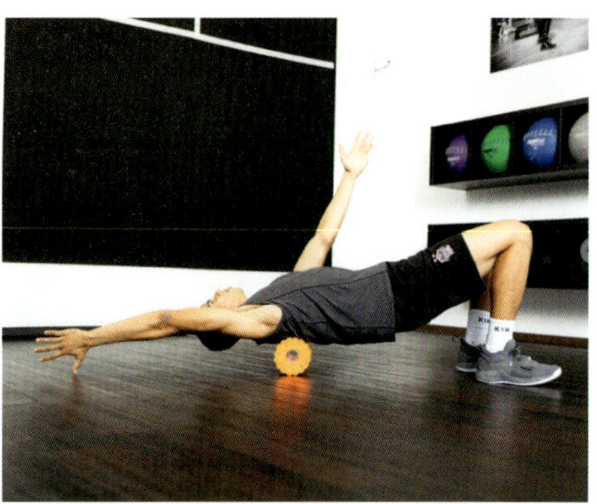

(Blackroll Reaches)

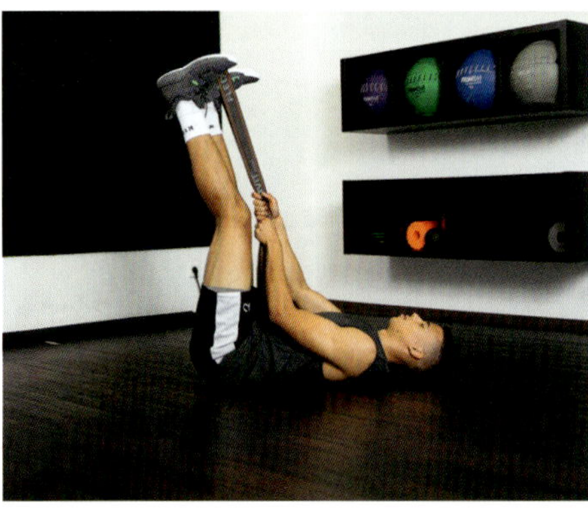

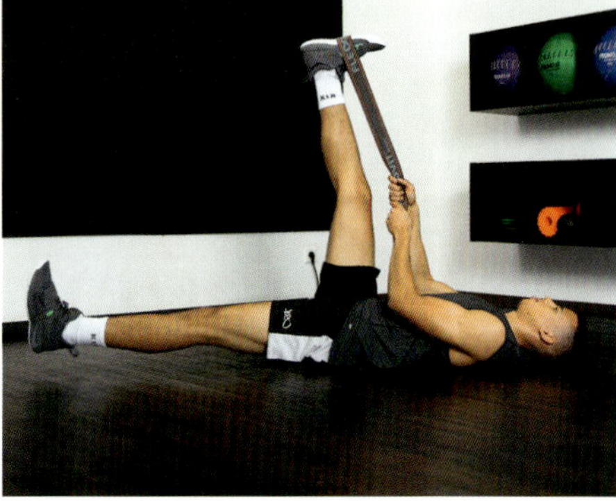

(Leg Lowering)

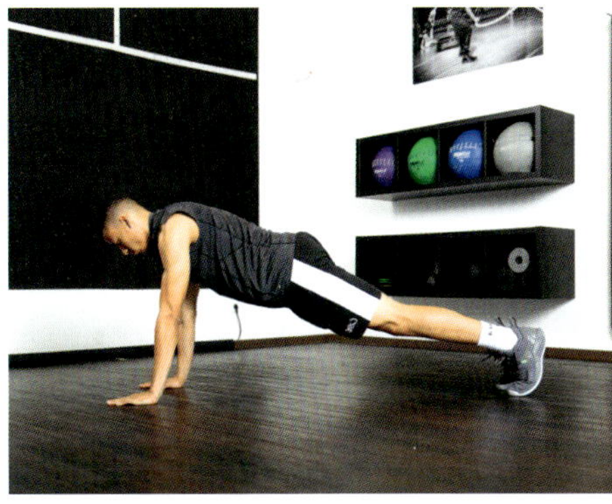

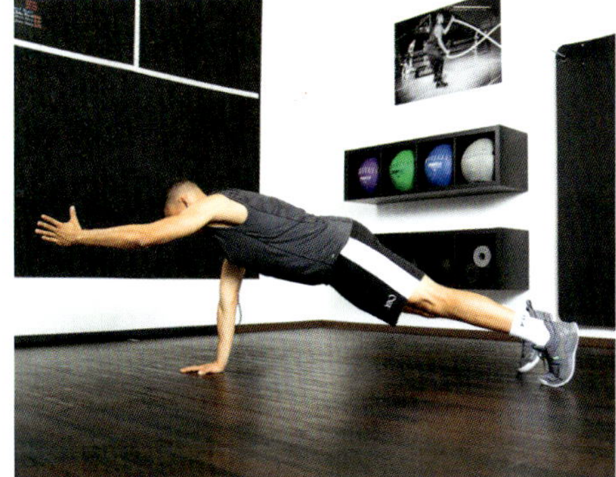

(Push-up Position Arm Lifts)

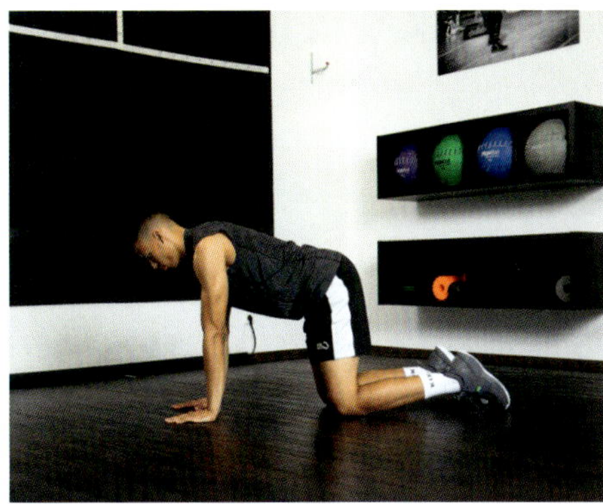

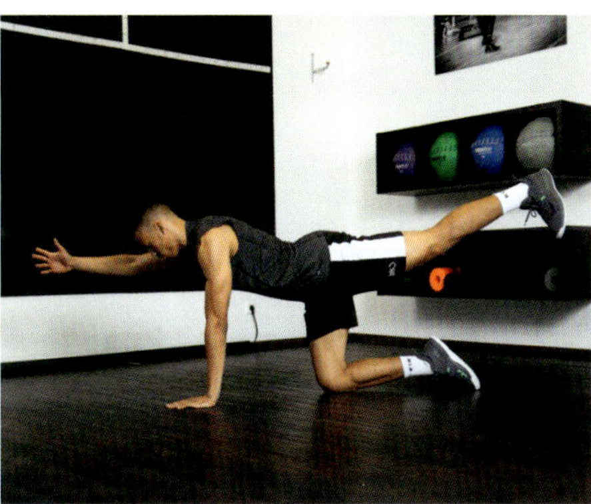

(Bird Dog)

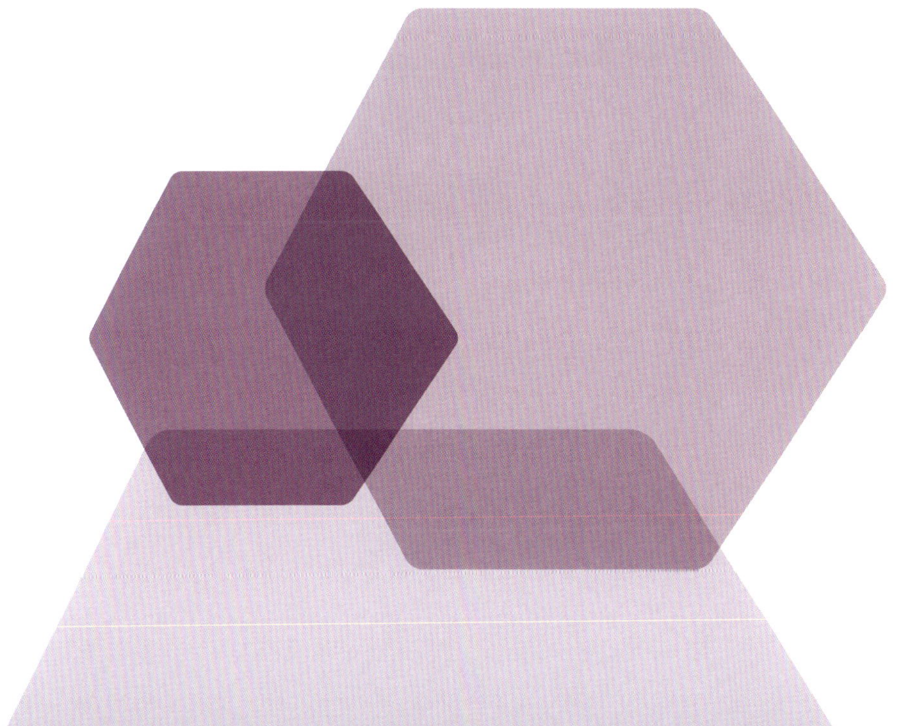

2.3 KRAFT

2.3.1 Bankdrücken (max. 5 Wdh.)

Testaufbau

Der Athlet wärmt sich mit individuellen Mobilisationen oder Aktivierungsübungen auf. Ein Aufwärmsatz von fünf bis zehn Wiederholungen wird mit einem selbst gewählten Gewicht durchgeführt. Dann entscheidet wiederum der Athlet selbst, mit welchem Gewicht er startet. Schafft er es, das Gewicht fünfmal bis zur Brust zu führen und danach komplett auszustrecken, ist der Versuch gültig. Nach einer drei- bis fünfminütigen Pause darf der Athlet das Gewicht um fünf oder zehn Kilo steigern. Das Endgewicht ist jenes Gewicht, mit welchem er fünf gültige Wiederholungen schafft.

Normwerte

Ziel sollte es sein, im Jugendbereich 80 % seines Körpergewichtes fünfmal zu schaffen. Im Profibereich sollten 100 % möglich sein.

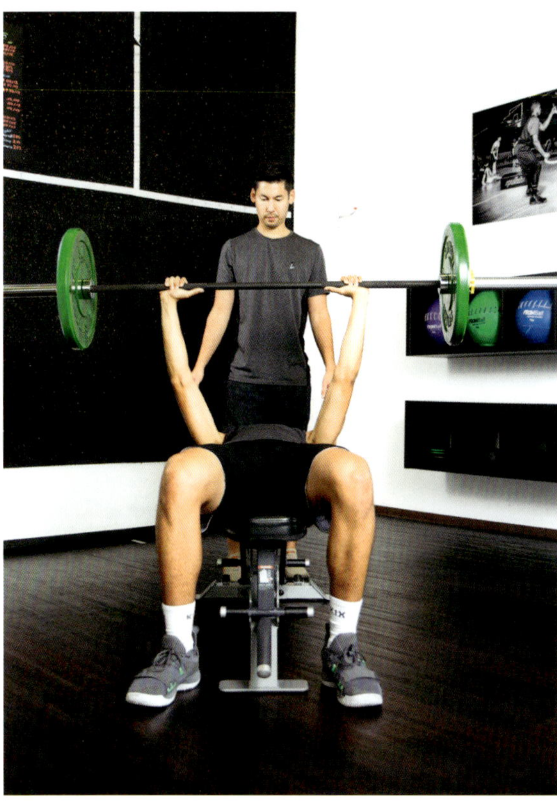

2.3.2 Klimmzüge mit Stick auf den Beinen

Testaufbau

Dem Test sollte ein Warm-up vorangegangen sein. Der Athlet greift schulterbreit an die Klimmzugstange. Die Handflächen zeigen vom Athleten weg. Ein Stick wird auf den angezogenen Beinen abgelegt. Dies verhindert ein Schwungholen und garantiert so ein einheitliches Testsetting. Gültig ist die Bewegung, wenn das Kinn über die Stange gehoben wird. Der Athlet muss jede Wiederholung an fast komplett ausgestreckten Armen beginnen.

Normwerte Profi-Basketballer

Sehr gut	> 10
Gut	8-10
Okay	5-8
Schlecht	< 5

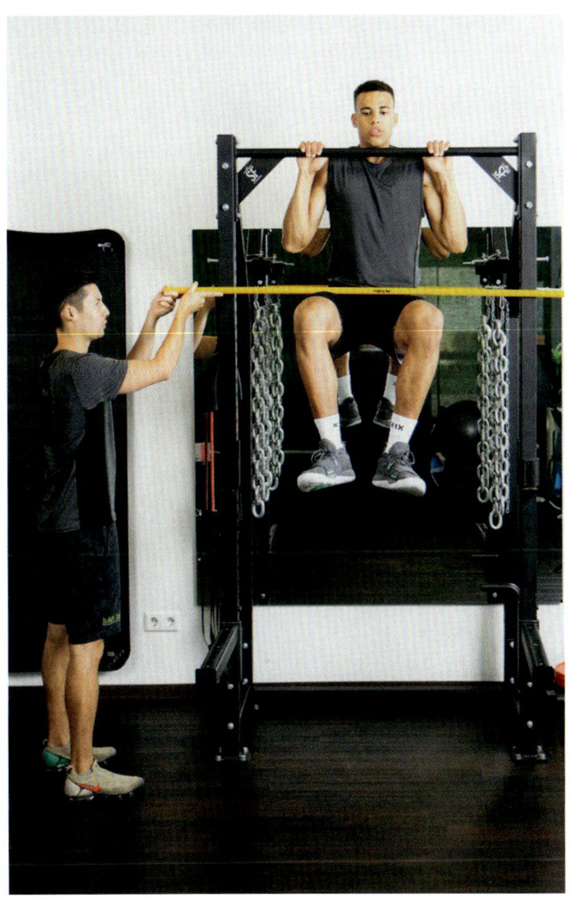

2.3.3 Inverted Rows an der Langhantel

Testaufbau

Im Jugendbereich kann ein Klimmzug oft eine zu hohe Anforderung sein. Die Inverted Rows an der Langhantel können eine gute Alternative darstellen. Der Winkel zwischen Athleten und Boden sollte 45° betragen, kann je nach Setting jedoch auch verändert werden. Der Athlet zieht seinen Körper zur Stange, bis sie die Brust berührt.

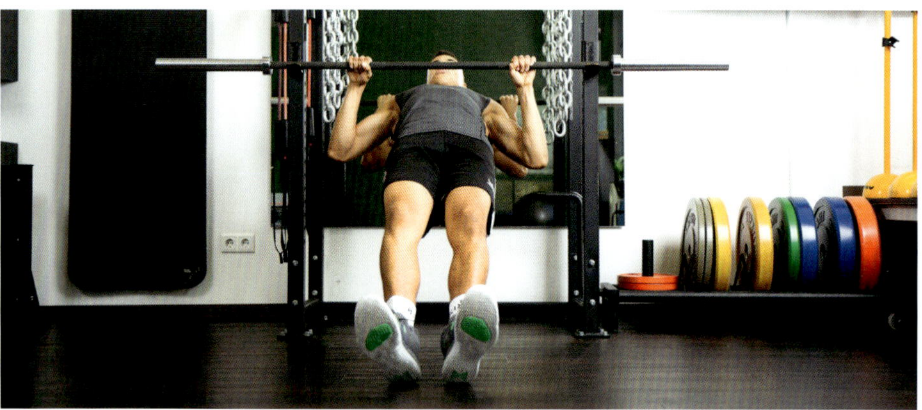

2.3.4 Sprungkraftdiagnostik

Zur Sprungkraftdiagnostik eignet sich eine Kontaktmatte, welche die Sprunghöhe errechnet. Ist eine solche nicht vorhanden, kann der Athlet mit Kreide auf dem Mittelfinger in der maximalen Sprunghöhe eine Wand markieren.

Squat Jump (SJ)

Testaufbau

Der Athlet führt eine Kniebeuge bis zu einem Winkel von 90° aus. Diese Position wird für vier Sekunden gehalten, bevor er so hoch wie möglich springt.

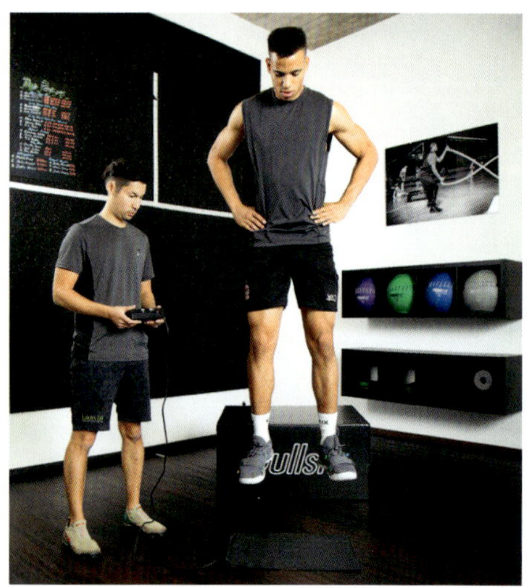

Counter Movement Jump (CMJ)

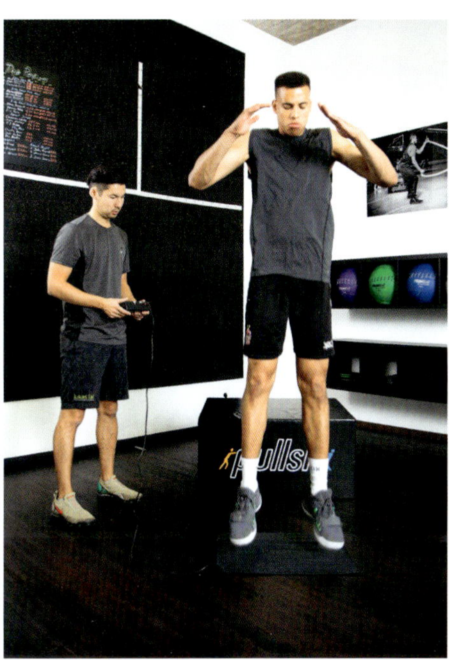

Testaufbau

Startposition ist der aufrechte Stand. Der Athlet führt nun einen maximal hohen Sprung aus, indem er seine Arme zum Schwungholen nutzt.

Drop Jump (DJ)

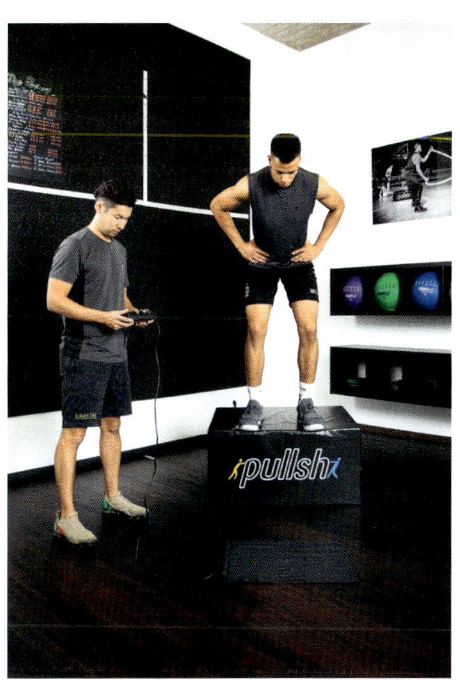

Testaufbau

Der Athlet stellt sich auf einen 30 cm hohen Kasten und springt auf die Kontaktmatte. Mit wenig Kontaktzeit auf dem Boden wird ein maximal hoher Sprung ausgeführt. Die Landung erfolgt mit ausgestreckten Beinen auf der Matte. Die Kontaktzeit sollte unter 200 Millisekunden liegen.

Eine Bodenkontaktzeit von weniger als 150 Millisekunden aus 30 Zentimetern Fallhöhe ist beim DJ sehr gut. Der Reaktivkraftindex (RSI) beim DJ errechnet sich aus Kontaktzeit in Sekunden geteilt durch Sprunghöhe in Metern. Ein RSI < 1,5 ist sehr schlecht, > 3 ist Weltklasse! Ein hoher SJ lässt auf eine gute Maximalkraft schließen, während gute Werte im DJ und CMJ auf eine gute Reaktivkraft schließen lassen.

2.4 AUSDAUER

In Bezug auf die Ausdauer interessieren uns zwei Aspekte:

1. Wie lange kann der Basketballer eine Grundleistung bringen, bevor er eine Pause benötigt? Wie groß ist demnach seine aerobe Kapazität?
2. Wie schnell ermüdet der Spieler, wenn er seine maximale Leistung für bis zu ca. 30 Sekunden immer wieder abrufen muss? Wie groß ist also seine anaerobe-laktazide Leistung?

Dazu müssen wir zuerst die zwei Begriffe erklären, nämlich die Kapazität und die Leistungsfähigkeit oder Power.

Die Kapazität des Energiestoffwechsels ist die Summe aller Arbeitsvorgänge, die aus Energie gewonnen werden. Die aerobe Kapazität oder die Vo2Max ist ein wichtiger Ausdauerfaktor, welcher leicht überprüft werden kann. Die aerobe Kapazität gibt einen Rückschluss auf die Fähigkeit, Leistung zu erbringen, ohne dabei zu viel vom leistungslimitierenden Laktat zu produzieren.

Die Leistungsfähigkeit oder Power ist die Summe der maximal ausgeführten Arbeitsvorgänge pro Zeiteinheit, also die Umsatzrate. Einfach gesagt, die Menge an maximalen Sprüngen, Sprints oder Slides, die der Sportler in einer bestimmten Zeit durchführen kann.

2.4.1 Ausdauertests IFT 30-15 (aerobe Kapazität)

Der Test wird auf einem 28 Meter langen Basketballfeld ausgeführt. An beiden Grundlinien und an der Mittellinie existiert eine drei Meter lange Pufferzone. Für den Test wird eine Audiodatei benötigt (per App oder online erhältlich), welche nach immer kürzeren Abständen Tonsignale sendet. Beim Tonsignal muss der Athlet die nächstgelegene Pufferzone erreichen. Für jeweils 30 Sekunden ertönen Signale, bevor eine Pause von 15 Sekunden folgt. Der Test endet, wenn der Athlet das dritte Mal hintereinander eine Pufferzone nicht erreicht. Pro 30 Sekunden Intervall steigert sich das Tempo um 0,5 km/h. Gestartet wird bei einer Laufgeschwindigkeit von 8 km/h.

Normwerte Profi-Basketballer

Aufbauspieler/Flügelspieler	Mindestens Stufe 20
Center	Mindestens Stufe 18

2.4.2 Running-Based Anaerobic Sprint Test (RAST) (anaerob-laktazide Leistungsfähigkeit/Power)

Der RAST-Test überprüft die maximale durchschnittliche Sprintgeschwindigkeit auf 28 Metern und die Ermüdung in Prozent. Dazu sprintet der Athlet maximal von Baseline zur Baseline und hat nur zehn Sekunden Zeit, bis er wieder zurück zur anderen Baseline sprinten muss. Das wiederholt er insgesamt sechsmal und dokumentiert die Zeiten für alle sechs Sprints.

Beispiel
Sprint 1 = 4,0 Sekunden und Sprint 6 = 4,8 Sekunden;
Ermüdung = 100 - (100/S6 x S1) = 16,7 %.
Voraussetzung: S1 ist der schnellste und S6 der langsamste Sprint.
Eine Ermüdung von über 10 % ist als unzureichend einzustufen.

[1]

2.5 PRÄVENTIONS-DIAGNOSTIK

Wie hoch ist das Risiko einer zukünftigen Verletzung? Dieser Frage widmen sich in dieser Sekunde wahrscheinlich tausende von Wissenschaftlern weltweit. Eine hochprozentige Vorhersage ist bis heute leider nicht möglich. Dennoch existieren zahlreiche einfache Tests, um qualitativ oder quantitativ zu überprüfen, ob die Wahrscheinlichkeit einer zukünftigen Verletzung erhöht ist.

2.5.1 Landing Error Scoring System Real-Time (LESS-RT)

Die Bewertung oder das Befunden von Bewegung wird im sportphysiotherapeutischen Alltag häufig gefordert. Ob im Athletiktraining oder im Zuge einer Rehabilitation – die Beurteilung von „guter“ Bewegung ist ein wichtiger Aspekt in Therapie und Training. Um die Qualität von Bewegung fassbar zu beschreiben, kann sich der Therapeut verschiedener Tests bedienen. Videoanalysen zeigen, dass die meisten Verletzungen des vorderen Kreuzbandes (VKB) während einer einbeinigen Landung passieren. Asymmetrischer Bodenkontakt führt zu einer unkontrollierten Landung ohne Balance, was oft bei VKB-Verletzungen beschrieben wird. Bei VKB-Verletzungen ohne Gegnerkontakt ist ein kraftvoller Valguskollaps mit fast vollständig extendierten Kniegelenken häufig die Ursache. Weiterhin befindet sich der Körper während einer VKB-Verletzung nicht selten in einer gestreckten Haltung.

Dieses Wissen über risikoträchtige Sprung- und Landemuster macht sich das Landing Error Scoring System (LESS) zunutze. In der „Echtzeit-Variante" (LESS-RT) bewertet der Tester innerhalb weniger Minuten die dynamische Bewegung des Athleten. Der LESS, ursprünglich eine Videoanalyse, soll Bewegungsmuster erfassen, welche das Verletzungsrisiko erhöhen können. Mittels zwei Videokameras werden drei Sprünge von einem Kasten mit einem anschließenden vertikalen Sprung aufgenommen. Im Nachhinein werden in einer Videoanalyse siebzehn verschiedene Befunde evaluiert. Jeder auffällige Befund wird mit einem „Fehler" (positiver Befund) bewertet. Je mehr Fehler eine Testperson hat, desto schlechter fällt das Ergebnis aus. Im Vergleich zu einer aufwändigen 3D-Bewegungsanalyse zeigt sich der LESS valide, um risikoreiche Bewegungsmuster zu erfassen.

Das Landing Error Scoring System Real-Time wurde entwickelt, um Informationen in Echtzeit über individuelle Bewegungsabläufe beim Sprung zu erfassen. Zehn verschiedene Befunde werden in Echtzeit aufgezeichnet. Jeder Befund (1-10) beurteilt ein bestimmtes Bewegungsmuster, welches die Chance auf eine VKB-Verletzung erhöhen kann. Als Testmaterial werden eine 30 Zentimeter hohe Box, Tape und ein Maßband benötigt. Die Testdurchführung dauert in etwa zwei Minuten.

Durchführung

Die zehn Befunde werden innerhalb von vier Sprüngen bewertet. Ein zusätzlicher Sprung erlaubt dem Beobachter, alle zehn Befunde erneut zu evaluieren. Der Proband springt von einer 30 Zentimeter hohen Box auf ein Ziel, das sich auf dem Boden und gleichzeitig 50 Prozent von der individuellen Körpergröße entfernt befindet. Hierauf folgt ein maximaler Sprung vertikal. In der Startposition sind die Füße schulterbreit auseinander sowie gerade nach vorne ausgerichtet. Bewertet wird der Augenblick der ersten Landung nach dem Sprung vom Kasten. Beide Füße verlassen den Kasten gleichzeitig, der Sprung sollte ohne große Vertikalbewegung erfolgen und flüssig sein (keine Pause zischen Landung und erneutem Absprung vom Boden). Erfüllt der Proband diese Instruktionen nicht, darf er den Sprung wiederholen. Sonstige Instruktionen werden nicht gegeben.

Sprungversuch 1	Bewertung Befund 1-3	Bewertung von vorne (Frontalebene)
Sprungversuch 2	Bewertung Befund 4 und 5	Bewertung von vorne (Frontalebene)
Sprungversuch 3	Bewertung Befund 6 und 7	Bewertung von der Seite (Sagittalebene)
Sprungversuch 4	Bewertung Befund 8	Bewertung von der Seite (Sagittalebene)
Sprungversuch 5	Bewertung Befund 9 und 10	Bewertung von der Seite (Sagittalebene)

Auswertung

„Normale" Befunde zeigen keine der unten beschriebenen Auffälligkeiten und werden mit null bewertet. Für einen positiven Befund kann die Testperson einen oder zwei Punkte bekommen. Die einzelnen Punkte werden zusammengezählt und ergeben eine Endpunktzahl. Je höher diese Zahl, desto schlechter das Ergebnis [28–30].

Landing Error Scoring System Real-Time (LESS - RT)

Name: Datum:

Tester:

Bewegung in der Frontalebene	Punkte	Bewegung in der Sagitalebene	Score
1. Spurbreite		**6. Fußlandung**	
Normal (0)		Plantarflexion (0)	
Weit (1)		Dorsalextension (1)	
Schmal (1)		Flach (1)	
2. Fußrotation		**7. Kniebeugung**	
Normal (0)		Groß (0)	
Außenrotiert (1)		Mittel (1)	
Innenrotiert (1)		Klein (2)	
3. Fußkontakt		**8. Rumpfbeugung**	
Symmetrisch (0)		Groß (0)	
Unsymmetrisch (1)		Mittel (1)	
		Klein (2)	
4. Knievalgus		**9. Gesamtverlagerung der Gelenke**	
Keiner (0)		Weich (0)	
Klein (1)		Mittel (1)	
Groß (2)		Steif (2)	
5. Lateralflexion Rumpf		**10. Gesamteindruck**	
Keine (0)		Hervorragend (0)	
Wenig (1)		Mittel (1)	
		Schlecht (2)	

Endpunktzahl	

Abbildung 2: LESS-RT Scoresheet

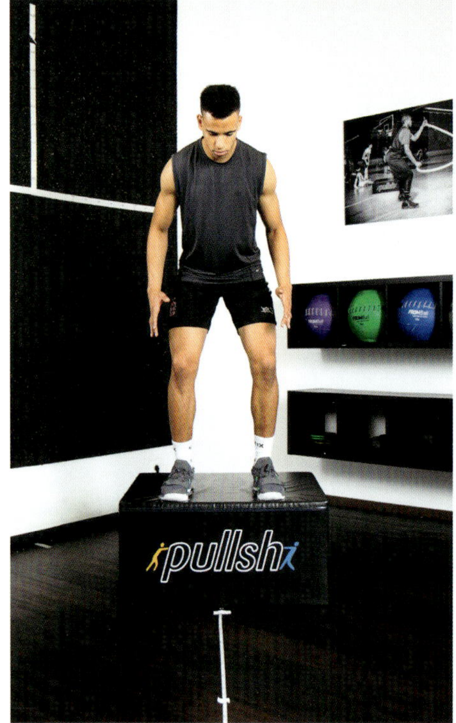
pullshi

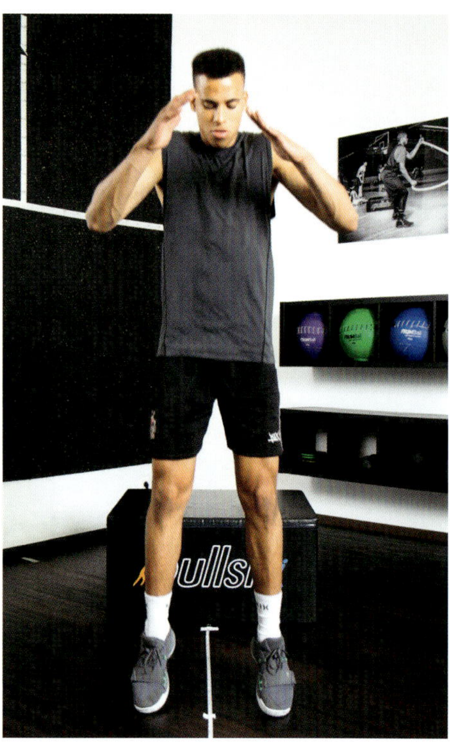

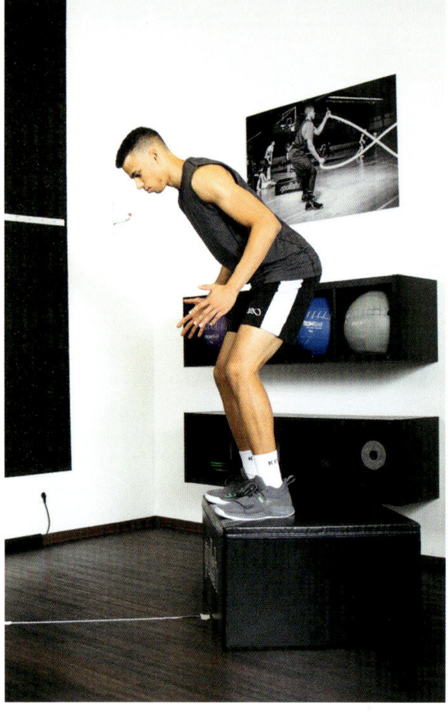

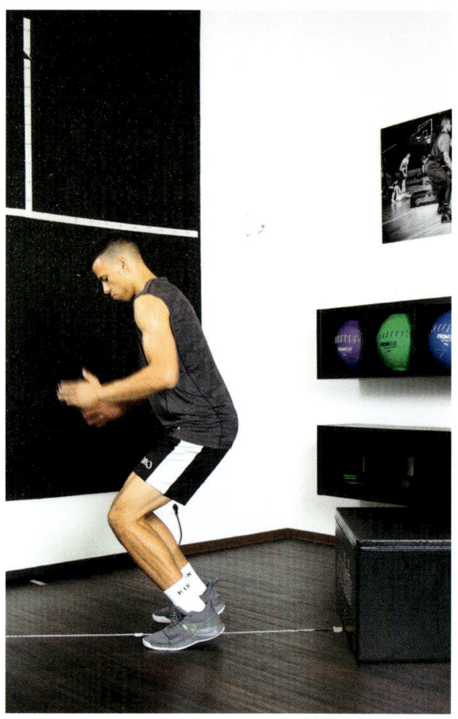

2.5.2 VBG-Präventionsdiagnostik

Die gesetzliche Unfallversicherung (VBG) belohnt Mitgliedsunternehmen, die in unfallverhütende und gesundheitserhaltende Maßnahmen investiert haben, mit einem Prämienverfahren. Sportunternehmen mit bezahlten Sportlern können Zuschüsse für die Durchführung der Präventivdiagnostik erhalten, mit deren Hilfe Risikofaktoren der Athleten frühzeitig erkannt und Verletzungen vermieden werden können. Alle bezahlten Sportler eines Kaders des Sportunternehmens absolvieren dabei die standardisierte Präventivdiagnostik (Pre-Injury-Screening), die durch Sportmediziner, Sportphysiotherapeuten, Athletiktrainer und Sportwissenschaftler durchgeführt werden kann. Auf Grundlage der Testergebnisse werden Trainingsmaßnahmen generiert, welche die erkannten Defizite der Sportler mindern oder beseitigen.

Tests

- HWS-Beweglichkeit
- Schulter-Beweglichkeit
- BWS-Beweglichkeit
- Aktives Beinheben
- Stand-and-Reach
- Sit-and-Reach
- Knee-to-Wall
- Kontralaterale Stabilisation
- Ipsilaterale Stabilisation
- Rumpfstütz
- X-Lift
- Upper Body Closed Kinetic Chain Test (UBCKCT)
- Modifizierter Star Excursion Balance Test (SEBT) für den Oberkörper
- Modifizierter Star Excursion Balance Test (SEBT) für den Unterkörper
- Hop Tests

Die komplette Testbatterie ist online zu finden: www.vbg.de [35].

2.5.3 Star Excursion Balance Test (SEBT) / Y-Balance-Test™

Beim Star Excursion Balance Test (SEBT) führt der Sportler einen Einbeinstand aus, während er mit dem anderen Fuß versucht, maximal entfernte Punkte in acht verschiedenen Richtungen zu erreichen. Eine modifizierte Variante beschränkt sich auf das Testen von nur drei Bewegungsrichtungen. Physiotherapeut Phillip Plisky und Kollegen haben diese modifizierte Variante instrumentalisiert und so den Y-Balance-Test™ entwickelt.

Maximal fünf Prozent Seitendifferenz sind erlaubt. Weiterhin sollten Weiten erreicht werden, welche der individuellen Beinlänge der Testperson entsprechen.

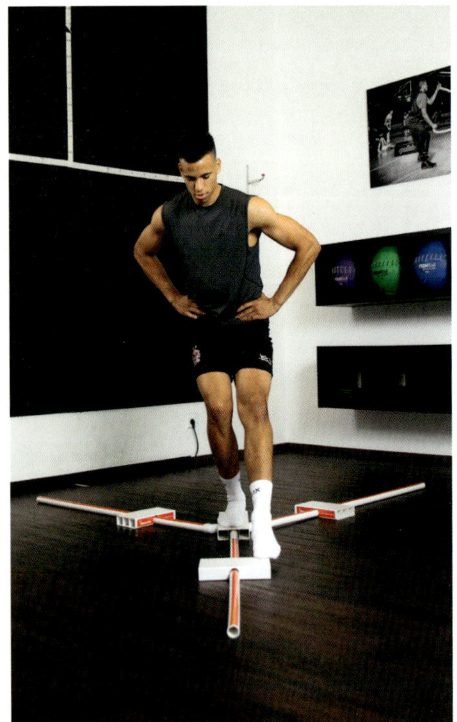

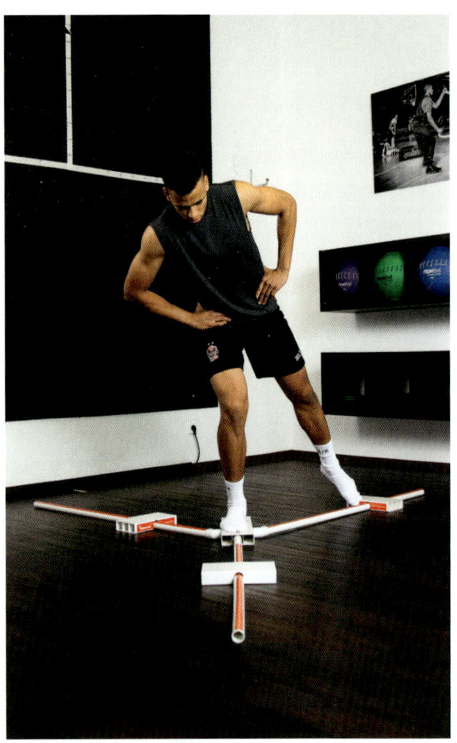

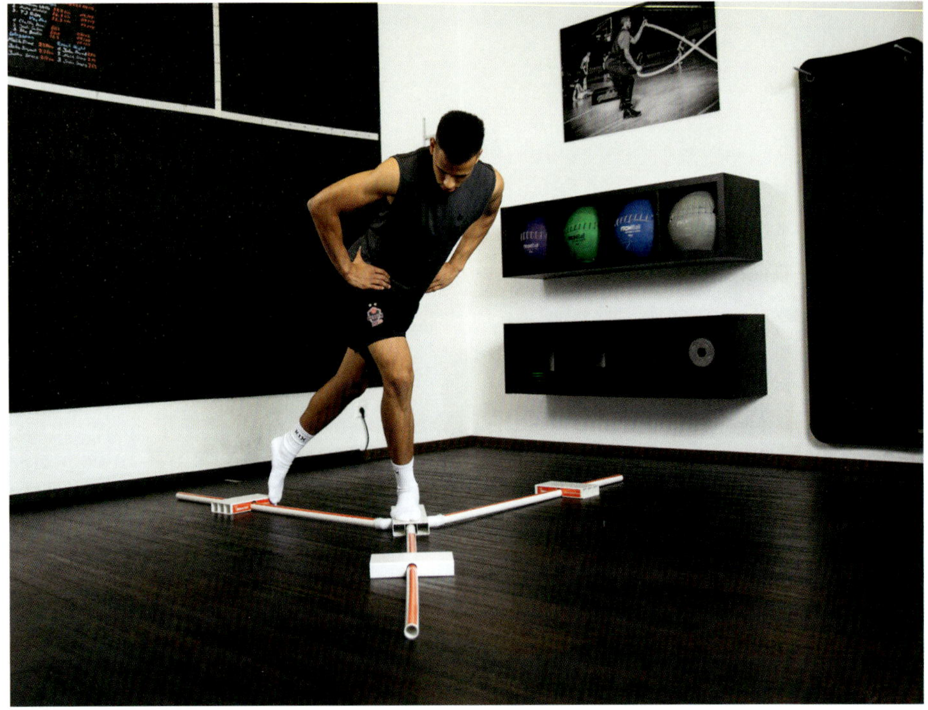

Scoresheet modifizierter Star Excursion Balance Test (SEBT)

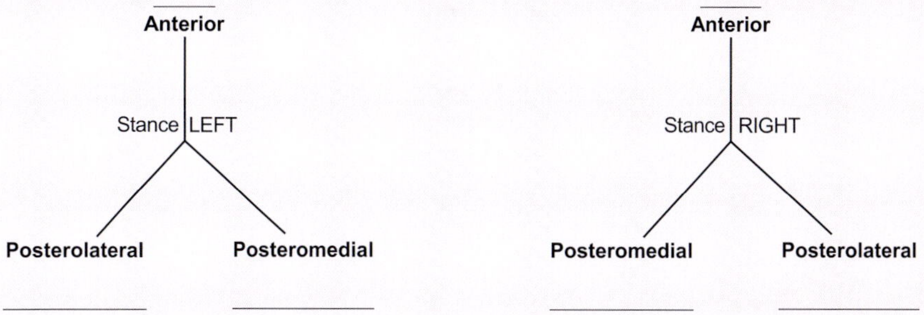

	Left	Right	Difference
Anterior			
Posteromedial			
Posterolateral			

Max. 5% Seitendifferenz erlaubt

Abbildung 3: Scoresheet SEBT

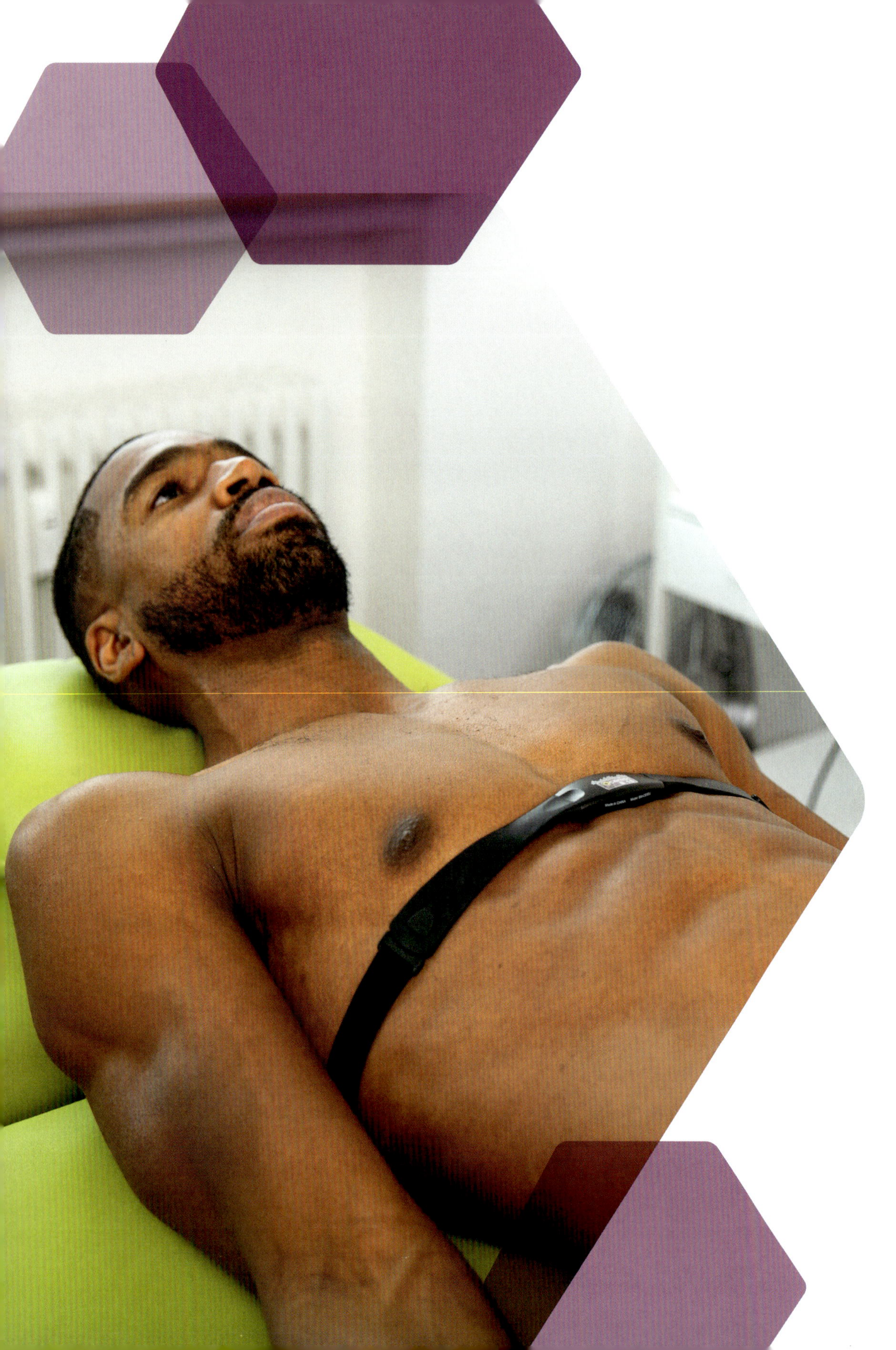

Monitoring – Work + Reset = Success

3

Wie im Vorwort von Denis Wucherer beschrieben, ist weniger manchmal mehr! Unsere Muskeln wachsen nicht während des Trainings, sondern danach. Unser Nervensystem benötigt Zeit, um neu Erlerntes abzuspeichern und dies später abrufen zu können. So führt ein Training nur mit anschließender Pause zum Erfolg. Wie lange diese Pause sein sollte, wird durch ein regelmäßiges Monitoring herausgefunden.

Im Vergleich zu den Tests hat das Monitoring eine komplett andere Aufgabe. Hierbei werden zwar auch Tests durchgeführt, jedoch dienen die Ergebnisse nicht zum Erfassen der jeweiligen Athletik. Vielmehr soll das Monitoring einen Status quo über die Frische oder Wettbewerbsfähigkeit des Athleten geben. Jeder von uns hat gute und schlechte Tage. Es gibt Phasen, da könnten wir Bäume ausreißen, in anderen Phasen würden wir am liebsten im Bett bleiben. Laufen wir heute einen Marathon oder feiern die Nacht durch, dann ist die Mehrheit von uns am Folgetag erstmal zu nichts zu gebrauchen. Die Ursache unserer Erschöpfung ist dann offensichtlich. Ein paar Tage zur Regeneration reichen aus, um wieder eine Treppe ohne Muskelschmerzen nach unten zu nehmen oder fit für die nächste Party zu sein. Manchmal ist die Ursache für die Erschöpfung jedoch komplexer. Eine Erkältung, Stress mit Familie oder Freunden, zu wenig Erholung zwischen den Trainingseinheiten und sogar das schlechte Wetter können an der Frische eines Sportlers zehren. Die Auffassung, „Das sind doch Profis, die müssen das wegstecken können!" ist so veraltet wie die Obstkörbe, auf die die ersten Basketballer um 1930 geworfen haben. Letztendlich ist auch ein Topathlet ein Mensch, der gute und schlechte Tage hat. Wahrscheinlich ist dieser eher geschult, auch an einem schlechten Tag an seine Leistungsgrenze heranzugehen, als ein Nichtsportler. Ob dies der beste Weg ist, um auf Dauer am Spieltag auf 100 Prozent zu sein, ist jedoch fraglich. Das Ziel muss sein, den Weg zu einer schlechten Phase zu erkennen, um diese schon im Keim zu ersticken. Mittels eines Monitorings können wir herausfinden, wann der Athlet auf eine schlechte Phase zusteuert.

Praxisbeispiel

Headcoach (HC) und Athletiktrainer (AT) beobachten gemeinsam ein Trainingsspiel. Der junge Aufbauspieler scheint immer einen Schritt zu langsam zu sein und bringt keinen Ball an den Mann.

HC zu AT: „Schau dir mal den Aufbauspieler an, der fällt nur rum! Ist der fit?! Vielleicht solltet Ihr ein paar extra Einheiten machen?!"

Eine professionelle Reaktion des Athletiktrainers sollte nun ein Blick in seine erfassten Monitoring-Daten sein, um dem HC eine fundierte Rückmeldung über den Zustand des Aufbauspielers zu geben. Ist der Spieler laut Monitoring frisch, können ein paar zusätzliche Einheiten nicht schaden. Geht er jedoch schon seit Tagen auf dem Zahnfleisch, bedeutet mehr Training nicht unbedingt mehr Leistung!

Beim Monitoring wollen wir den Grad der Ermüdung erfassen. Ermüdung bedeutet nicht „nur" Muskelkater oder „schwere Beine". Der Begriff Burn-out ist mit dem heutigen Berufsleben so verwachsen wie Dirk Nowitzki mit den Dallas Mavericks. Auch Ärger mit Familie und Freunden, schlaflose Nächte oder schlechtes Essen können zu Ermüdung führen. Wir unterscheiden also zwischen muskulärer und zentralnervöser bzw. hormoneller Ermüdung.

3.1 FRAGEBOGEN

Die wahrscheinlich einfachste Methode, den Regenerationsstatus eines Sportlers zu erfassen, geht über eine persönliche Befragung. Um diese Fragen in ein wiederholbares Monitoring einzubauen, eignet sich ein Fragebogen.

Beantworte in gleichbleibenden Abständen vier Fragen und bewerte mit den Schulnoten 1 bis 6:

1. Wie fühlt sich dein Körper an. Hast du Schmerzen?
   Diese Frage kann Aufschluss über die muskuläre Regeneration des Athleten geben.

2. Hast du noch Energie?
   Die Frage nach der Energie soll die Regeneration des ZNS betrachten.

3. Wie hast du geschlafen?
   Ein wichtiger Parameter für die hormonelle Regeneration ist das Erfassen der Schlafqualität (siehe Kapitel Schlaftuning).

4. Hast du gut gegessen?
   Auch die Nahrungsaufnahme gibt einen Hinweis auf den Regenerationsstatus. Was „gut gegessen" bedeutet, sollte natürlich vorab mit einem Ernährungsberater abgeklärt werden.

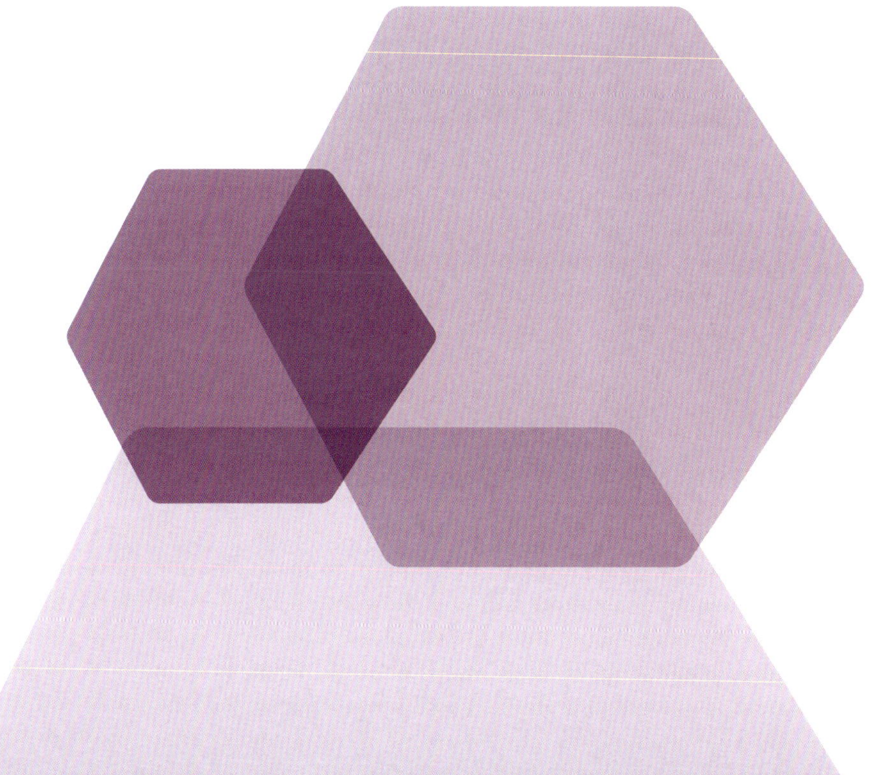

3.2 GRIFFKRAFT

Die Maximalkraft ist ein guter Indikator für die Frische eines Athleten. Sie gibt uns einen Hinweis auf seine zentralnervöse Erschöpfung. Selbst wenn der Muskel erholt ist, wird er dennoch vom Gehirn angesteuert. Hat der Athlet keine „Energie" mehr, wird auch die Maximalkraft keinen Rekordwert darstellen.

In der Praxis hat sich die Nutzung eines Hand-Dynamometers bewährt, um die Maximalkraft zu testen und dies ohne großen Aufwand und ohne den Athleten unnötig zu belasten. Der Athlet beginnt den Test mit dem Gerät über Kopf und drückt für fünf Sekunden so fest wie möglich zu. Dabei führt er das Gerät nach unten neben die Hosentasche. Er hat drei Versuche. Weicht der Mittelwert um zehn Kilogramm nach unten ab, ist der Test positiv. Der ZNS-Regenerationsstatus ist dann nicht optimal. Die Testung kann morgens, vor dem ersten Training, vorgenommen werden. Ein Aufwärmprogramm ist nicht nötig [32].

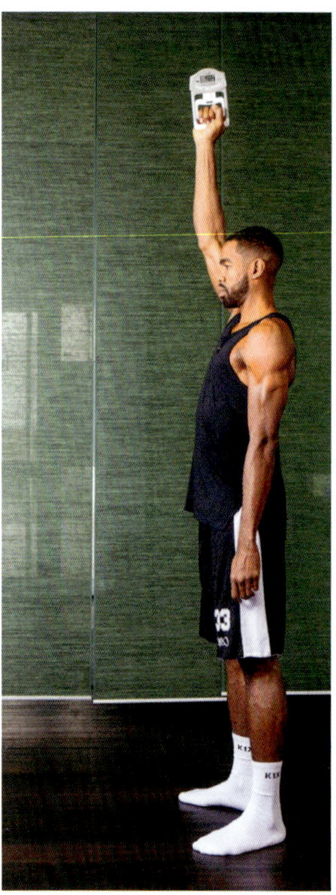

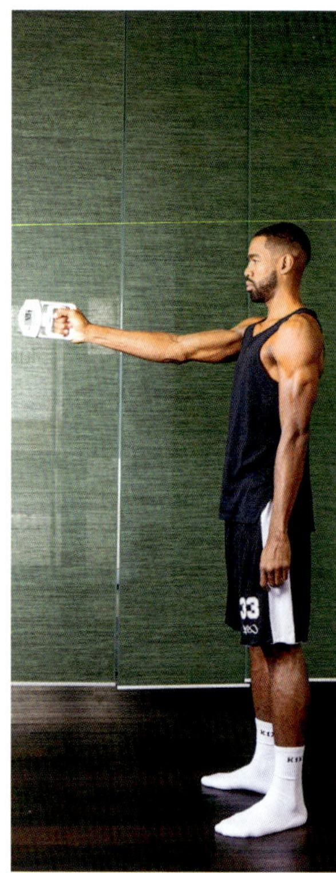

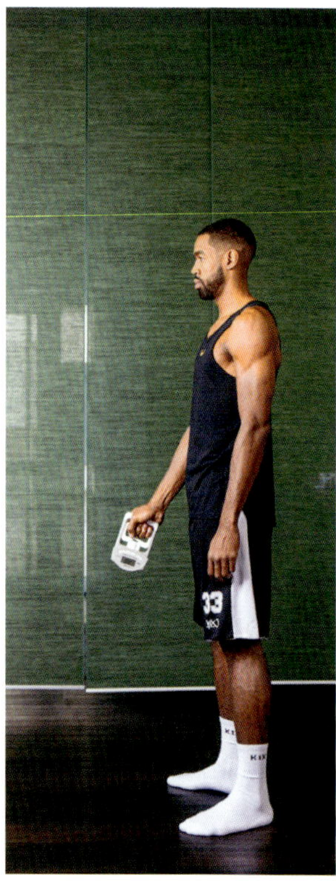

Der Test ist positiv ab einer negativen Abweichung des Mittelwertes von mindestens 10 kg zur vorherigen Messung.

3.3 SQUAT JUMPS

Eine weitere Kraftmessung zum Monitoring ist die vertikale Sprungtestung. Mittels einer Kontaktmatte können Sprunghöhen schnell erfasst werden. Falls keine Matte zur Verfügung steht, eignet sich auch eine Messung an der Wand. Der Mittelfinger des Athleten ist mit Kreide bestrichen. Er springt aus dem Stand so hoch es geht und markiert den höchsten Punkt an der Wand. Welche Art von Sprung zum Monitoring genutzt wird, ist sekundär, solange der Ablauf immer der gleiche ist. Beim Squat Jump hat der Sportler die Hände in die Hüfte gestemmt, geht bis 90° in die Hocke, verweilt für vier Sekunden in dieser Position und springt dann so hoch es geht. Die Messung sollte erst nach dem Aufwärmen erfolgen. Der Athlet hat drei Versuche. Weicht der Mittelwert über fünf Zentimeter ab, ist der Test positiv und die ZNS-Regeneration ist nicht optimal [26].

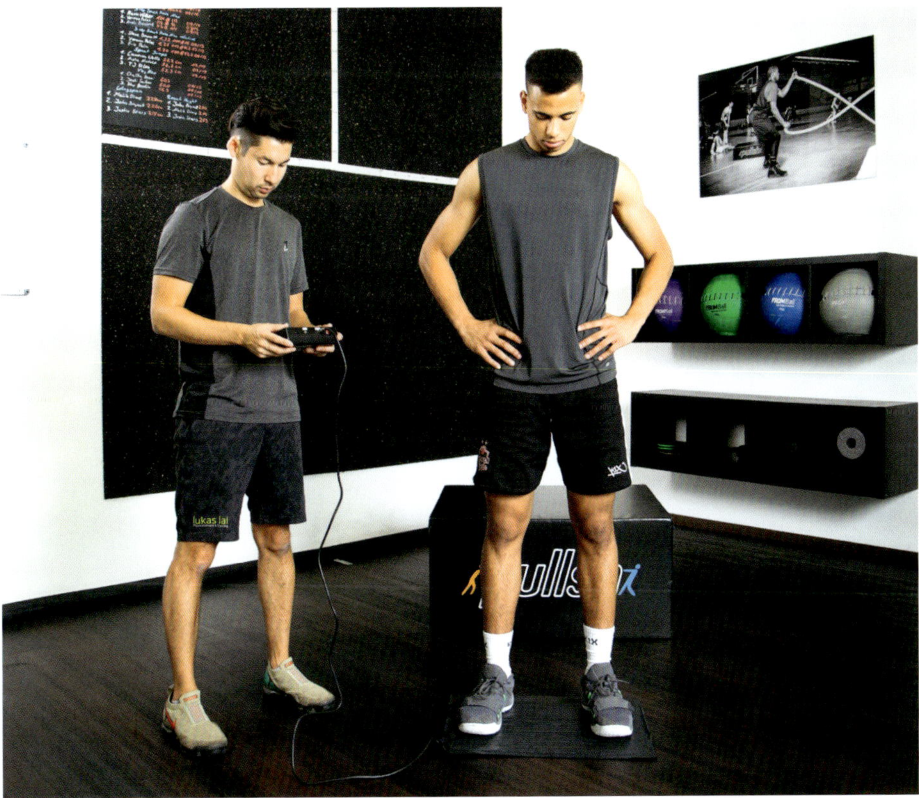

Der Test ist positiv ab einer negativen Abweichung des Mittelwertes von mindestens 5 cm zur vorherigen Messung.

3.4 RUHEHERZFREQUENZ

Ein Übertraining lässt sich auch relativ praktikabel mit der regelmäßigen Kontrolle der Ruheherzfrequenz erfassen. Am besten wird die Herzfrequenz direkt am Morgen vor dem Aufstehen gemessen. Besonders in der Saisonvorbereitung kann es normal sein, dass die Ruheherzfrequenz durch das Training sinkt. Interessant für das Monitoring ist eine Schwankung. Leichte Schwankungen von bis zu fünf Schlägen pro Minute sind normal. Auch der Menstruationszyklus der Frau bringt eine Schwankung der Ruheherzfrequenz von etwa drei Schlägen pro Minute mit sich. Schwankt der Wert in einer intensiven Trainingsphase jedoch um bis zu zehn Schlägen pro Minute, kann dies ein Indikator für ein Übertraining sein. Die Ruheherzfrequenz kann einmal wöchentlich über das gesamte Jahr erfasst werden. Sinnvoll kann auch eine tägliche Kontrolle in intensiven Trainingsphasen sein. Die Ruheherzfrequenz kann sehr unterschiedlich sein. Im Basketball ist ein Wert von 60 Schlägen pro Minute anzustreben [22].

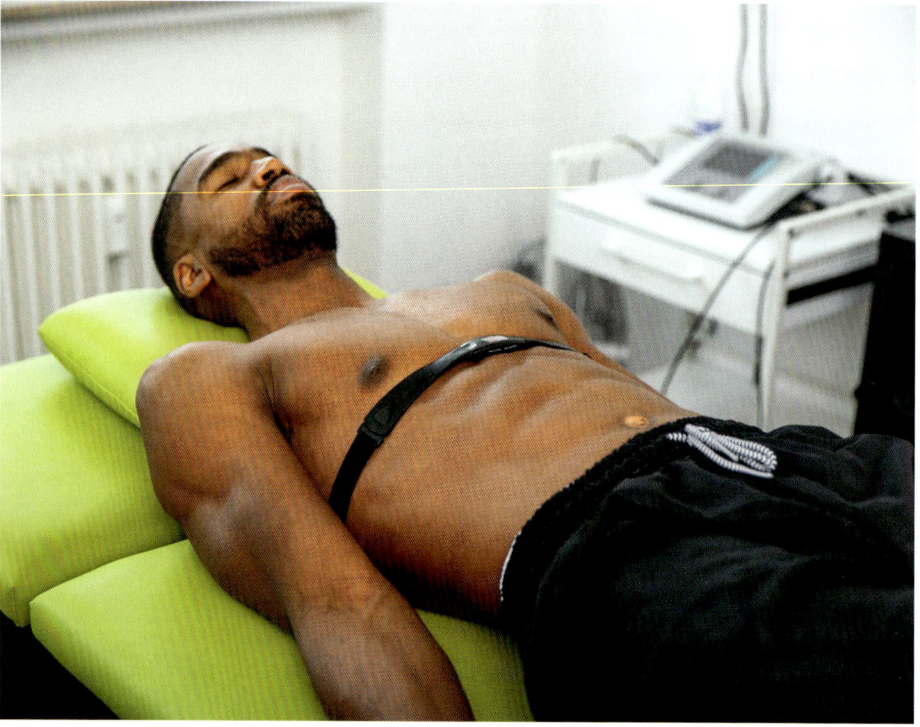

Der Test ist positiv ab einer positiven oder negativen Abweichung von mindestens zehn Schlägen pro Minute zur vorherigen Messung; bei täglicher Messung innerhalb einer Woche.

3

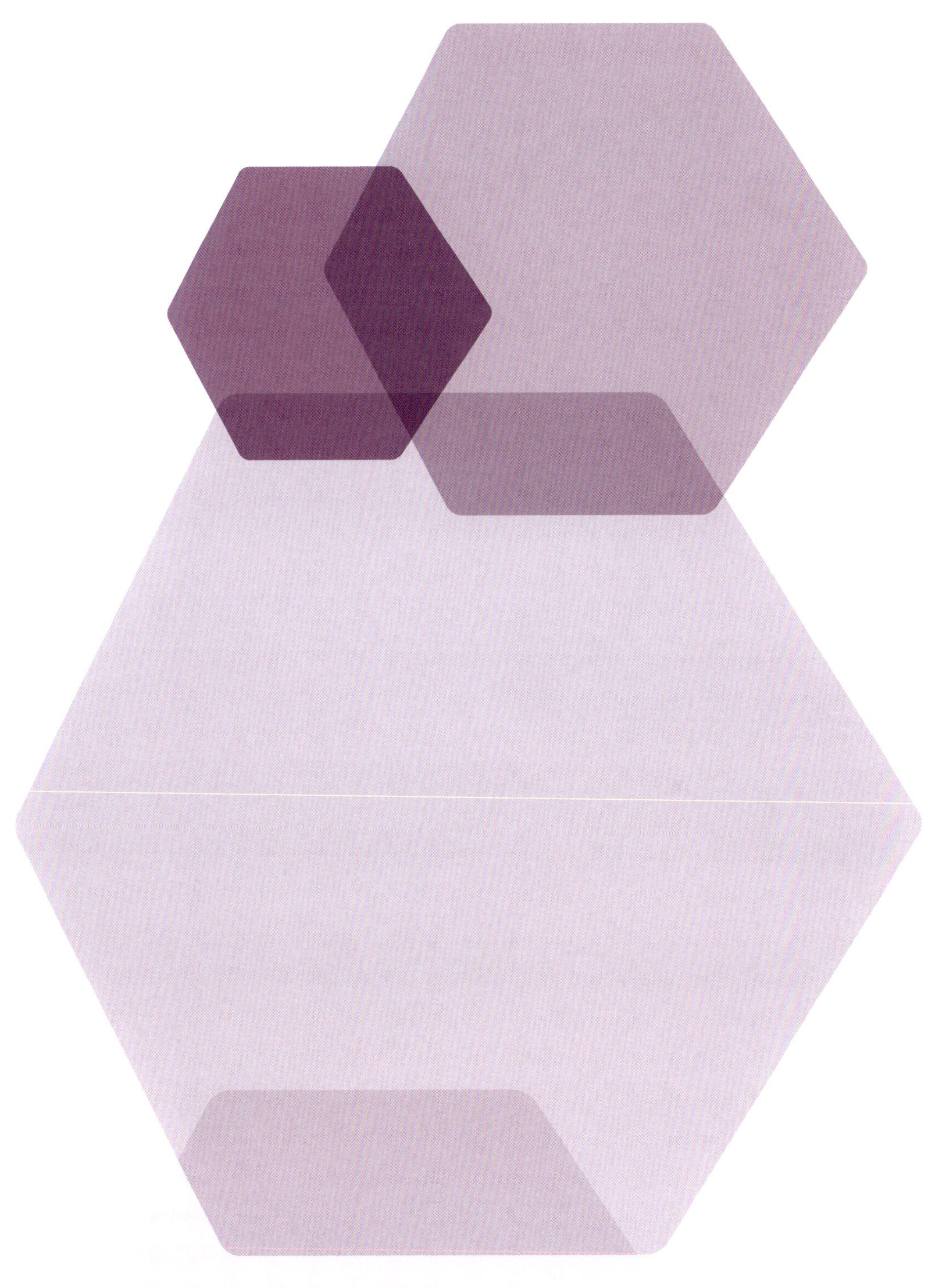

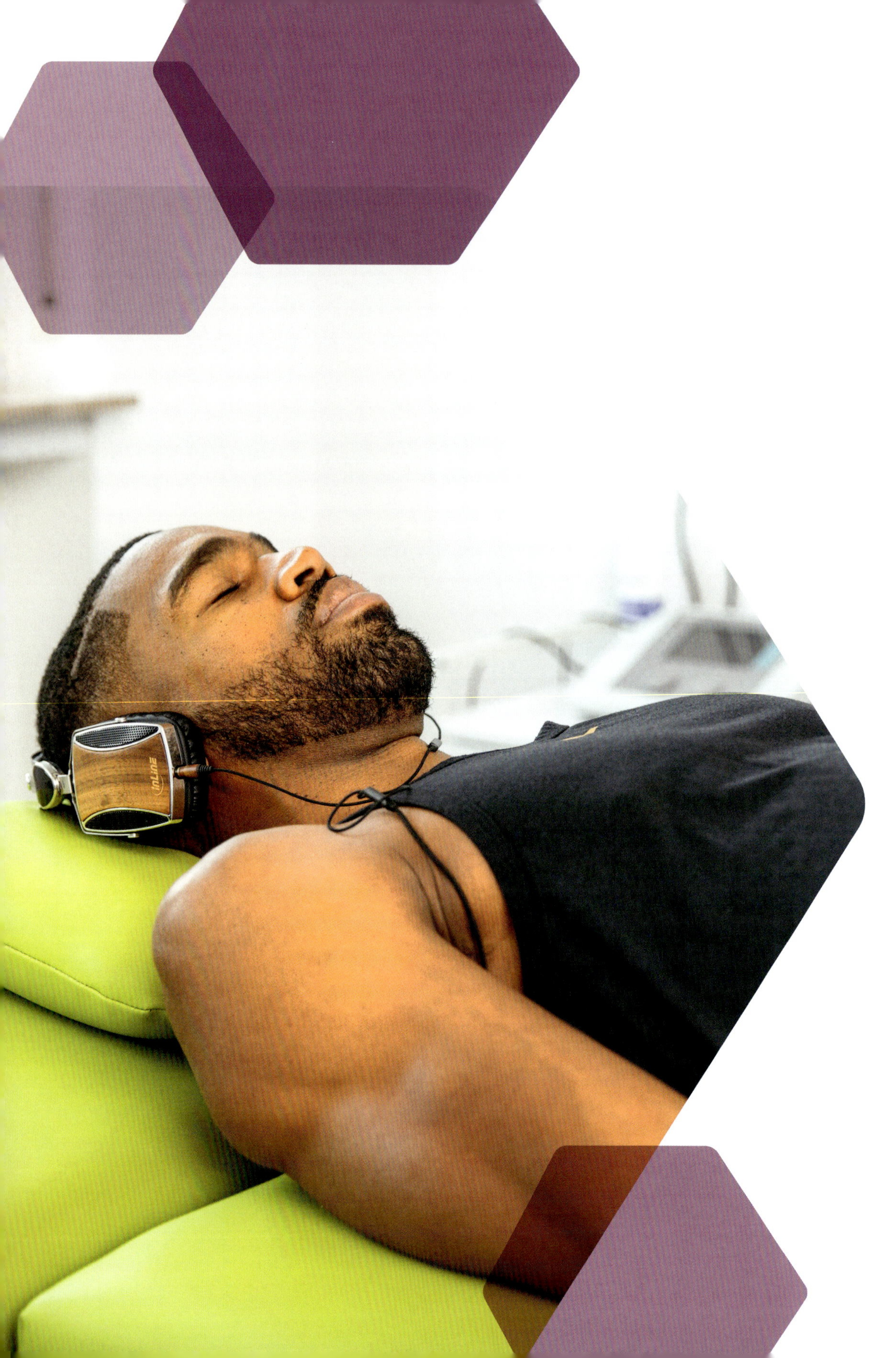

4

Regeneration – recover like a Champ!

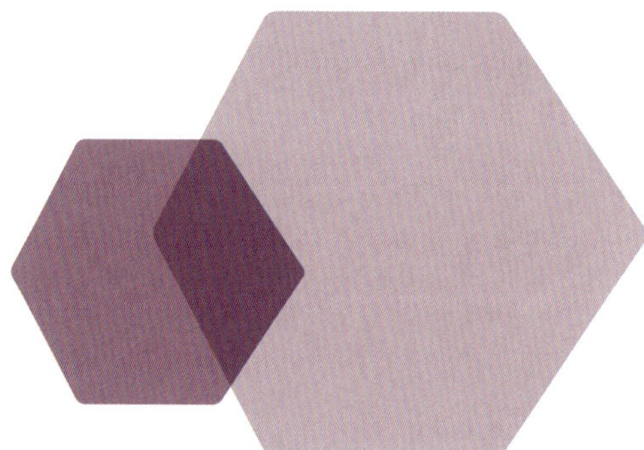

Regeneration ist mehr als nur Muskelkater. Neben unserem muskulären System müssen auch unser zentrales Nervensystem sowie unser Hormonsystem regenerieren. Nicht nur die Trainingsintensität, sondern auch Stress mit Schule, Eltern oder Freundin, Schlafmangel sowie schlechte Ernährung können die Freshness rauben.

Diesbezüglich existieren zahlreiche Maßnahmen und Strategien, welche die Regeneration der einzelnen Körpersysteme unterstützen können. Jedoch sollten diese nicht blind angewendet werden. Für jede Maßnahme gibt es einen optimalen Zeitpunkt und bestimmte Anwendungsparameter.

4.1 EISBAD

Ein Eisbad bedeutet nicht, dass sich der Sportler in ein Bad mit Eiswürfel legt. Unser kaltes Leitungswasser kommt mit ca. 15° C aus dem Wasserhahn, was oft schon reicht, um zu regenerieren. Kälter als 5° C und wärmer als 15° C sollte das Eisbad nicht sein. Die Dauer im Wasser kann von anfänglich einer Minute bis hin zu zehn Minuten betragen. Bei kälteren Temperaturen als 15° C macht es Sinn, die Dauer im Wasser durch eine kurze zwei- bis dreiminütige Pause zu unterbrechen.

Das Bad in kaltem Wasser direkt oder bis zu 20 Minuten nach Training oder Wettkampf kann besonders die neuromuskuläre Regeneration bis zu 24 Stunden danach verbessern. Das heißt, Sprung- und Sprintwerte sind besser im Vergleich zu Athleten, die kein Eisbad machen. Eine Verbesserung des subjektiven Empfindens kann sogar noch nach drei Tagen gemessen werden. Jedoch kann ein Eisbad den Muskelkater oft nicht verhindern.

Falls möglich bzw. erträglich, sollte mit dem ganzen Körper eingetaucht werden. Je tiefer, desto höher ist der hydrostatische Druck, der auf den Körper wirkt. Dies hat zusätzlich zur Kälte eine positive Auswirkung auf die Regeneration.

Eisbäder haben eine entzündungshemmende Wirkung. Nach Verletzungen oder einem harten Athletiktraining müssen Entzündungen im Bewegungsapparat jedoch stattfinden, um die Heilung oder das Muskelwachstum anzukurbeln. Also sollten Eisbäder am besten nur in intensiven Trainings- oder Spielphasen durchgeführt werden, in denen weniger der Muskelaufbau, sondern das Durchhalten von hoher Belastung im Vordergrund steht [3, 17, 18, 32].

Der optimale Ablauf eines Eisbads

Zeitpunkt	Bis 20 Min. nach Training/Wettkampf
Dauer	1-10 Min.
Temperatur	5-15° C
Sätze	1-2
Satzpause	2-3 Min.

4.2 MEDITATION

Entgegen landläufiger Meinung ist Meditation kein Hokuspokus. Untersuchungen zeigen, dass Meditation viele, das körperliche und seelische Wohlgefühl fördernde Qualitäten zum Positiven führen kann. Meditation kann die Schlafqualität verbessern, den Fokus erhöhen, Ängste reduzieren, das Wohlbefinden steigern und vieles mehr.

Meditieren bedeutet, seinen Geist zu trainieren. Meditation hat nicht zum Ziel, die Gedanken abzustellen, sondern durch Meditation soll erreicht werden, dass man sich mit diesen Gedanken wohlfühlt. Es geht darum, sich mit Perspektive zu betrachten.

Stell dir vor, du sitzt am Rand einer verkehrsreichen Straße. Die vorbeifahrenden Autos sind deine Gedanken und Gefühle. Du brauchst nur dazusitzen und die Autos zu beobachten. Häufig kommt es jedoch vor, dass du dich vom Lärm der Autos gestört fühlst. Du rennst auf die Straße und willst die Autos anhalten oder jagst ihnen hinterher. Das Training deines Geistes zielt also darauf ab, deine Beziehung zu deinen Gedanken und Gefühlen zu verändern und sie aus einer anderen Perspektive zu betrachten. Dein Geist lässt sich gut mit einem wilden Pferd vergleichen. Es einzusperren, macht es nur noch wilder und unruhiger. Lass es lieber an einer ganz langen Leine auf einer großen Wiese herumlaufen und hole die Leine ganz langsam ein, bis das Pferd von selbst zur Ruhe gefunden hat.

Beim Meditieren musst du dich nicht anstrengen, um etwas zu erreichen. Es ist wie beim Einschlafen: Je mehr du dich bemühst, desto schwieriger wird es, einzuschlafen. Verwendest du keine Mühe mehr darauf, dann schläfst du ein.

Voraussetzungen zum Meditieren

1. Regelmäßiger Zeitpunkt
2. Ruhiger Ort
3. Gemütliche, jedoch auch gesunde Sitzhaltung

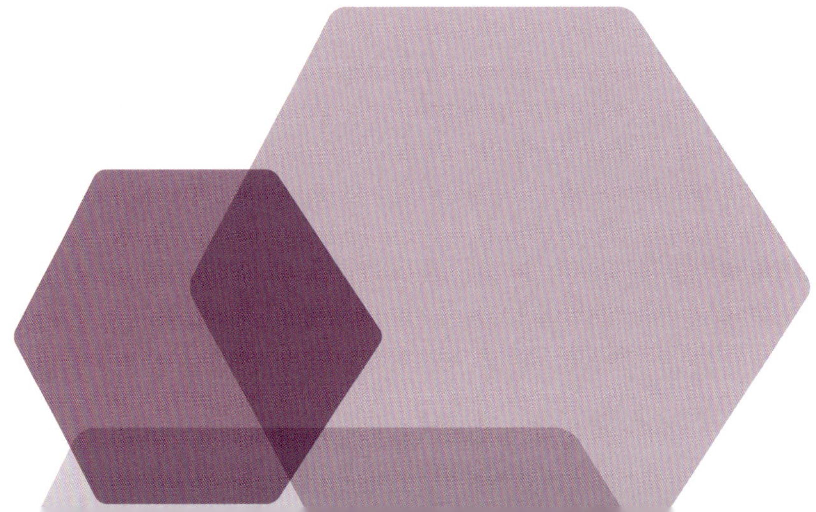

Techniken

Bodyscan

Oft macht unser Körper das Eine, während unser Geist das Andere macht. Der Bodyscan hilft, Körper und Geist wieder näher zusammenzubringen.

1. **Setze dich gemütlich hin.**
2. **Stelle dir das Licht eines Kopierers vor, das den Körper gleichmäßig von oben nach unten ableuchtet.**
3. **Währenddessen konzentriere dich auf den Bereich des Körpers, den das Licht gerade reflektiert.**
4. **Nimm wahr, wie sich die verschiedenen Bereiche anfühlen. Welcher fühlt sich gut an, welcher nicht so gut?**
5. **Nimm dir fünf bis zehn Minuten Zeit für diese Übung und registriere im Anschluss, wie du dich fühlst.**

Es geht nicht darum, eine Empfindung zu ändern, sondern sich ein Bild davon zu machen, wie sich der Körper anfühlt.

Fokussierte Aufmerksamkeit

Trainieren wir unseren Geist, dann ist es wichtig, etwas zu haben, worauf wir unsere Aufmerksamkeit richten. Diese ist ein Anker, ein Punkt, an den wir zurückkommen können, wenn der Geist abgewandert ist. Wir lernen, uns von Ablenkungen zu lösen und zu einer ruhigen und fokussierten Aufmerksamkeit zurückzukehren.

1. **Setze dich gemütlich hin.**
2. **Überlege dir etwas, worauf du deine Aufmerksamkeit richtest. Das kann eine Visualisierung sein, eine Frage, ein Satz, ein Gegenstand oder die Atmung.**
3. **Atme.**
4. **Nimm deine Atmung wahr.**
5. **Nimm die Kontaktstellen deines Körpers zum Untergrund wahr.**
6. **Registriere Geräusche um dich herum.**
7. **Registriere Gerüche.**
8. **Lass deine Gedanken ruhig abschweifen.**
9. **Sobald du merkst, dass deine Gedanken abschweifen, richte deine Aufmerksamkeit wieder auf den Gegenstand, die Atmung oder was auch immer du als Anker nutzt.**
10. **Nimm dir fünf bis zehn Minuten für diese Übung und registriere im Anschluss, wie du dich fühlst.**

4.3 BINAURALE BEATS

Binaurale Beats sind Töne oder Klänge in einer bestimmten Frequenz. Teilweise werden sie auch mit zusätzlichen Melodien oder Hintergrundgeräuschen, wie z. B. Regen, angeboten. Zahlreiche Apps oder Musikstücke zum Download oder Stream machen den Zugang zu binauralen Beats einfach.

Verschiedene Bewusstseinszustände können per Elektroenzephalografie (Messung der elektrischen Aktivität des Gehirns per Elektroden auf dem Kopf) bestimmten Frequenzen zugeordnet werden. Das bedeutet, dass bei einer schlafenden Person andere Frequenzen messbar sind als bei einer wachen Person. Mit Hilfe von binauralen Beats können diese verschiedenen Frequenzen von außen im Gehirn erzeugt werden. Wir können den Athleten also in verschiedene Bewusstseinszustände bringen. Je nach Frequenzbereich wirken sie sich dabei unterschiedlich aus. Die niedrigen Frequenzen regen Zustände an, die denen der Schlafphase ähneln und für Entspannung sorgen. Höhere Frequenzbereiche aktivieren Areale im Gehirn, welche für Konzentration und Aufmerksamkeit zuständig sind.

Die verschiedenen binauralen Beats sollen unter anderem folgende Auswirkungen haben:

- Schmerzlinderung
- Tiefenentspannung
- Kreativitätsförderung
- Stressreduktion
- Hervorrufen von Flow-Zuständen
- Energieerhöhung
- Wahrnehmungsverbesserung
- Aufmerksamkeitsverbesserung

Bei der Anwendung von binauralen Beats sollte Folgendes beachtet werden [6]:

- Ruhiger Ort
- Geschlossene Augen bei der Anwendung
- Hören der Audiodateien für ca. 20-30 Minuten
- Mindestens drei Anwendungen pro Woche. Auch eine tägliche Nutzung ist möglich.
- Ab einer Anwendung von zwei bis vier Wochen werden sich Erfolge einstellen.

4.4 SAUNA

Das Wort Sauna kommt aus der finnischen Sprache und bedeutet übersetzt „Schwitzstube". Ursprünglich stammt das Bad in heißer Luft aus dem Norden Ostasiens. Kultiviert wurde das Saunieren aber letztlich doch von den Finnen. Man unterscheidet ein Dampfbad, welches eine Temperatur von ca. 50° C und eine Luftfeuchtigkeit um die 100 Prozent hat, sowie die klassische, finnische Sauna mit einer Temperatur von 85-110° C und einer Luftfeuchtigkeit von 5-15 Prozent.

Der Aufguss erhöht die sehr geringe Luftfeuchtigkeit, dies erhöht gleichzeitig die gefühlte Temperatur. Teilweise werden dem Wasser ätherische Öle zugegeben und die Luft wird zusätzlich durch Handtuchschläge verteilt.

Der Gang in die Sauna kann eine physische wie psychische Entspannung bewirken. Auch zur Vorbeugung gegen Erkältungskrankheiten empfiehlt sich die Sauna. In Bezug auf Regeneration kann die Sauna das muskuläre, kardiovaskuläre und hormonelle System positiv beeinflussen. Durch die Überwärmung des Körpers werden verschiedene Mechanismen in Gang gesetzt, die die Durchblutung erhöhen und die Reparatur ankurbeln.

Ein Saunagang kann jedoch auch negative Auswirkungen auf die Regeneration haben. Der Wasserverlust kann dabei bis zu einem Liter betragen. Auch auf akute Entzündungen kann sich ein Saunagang negativ auswirken.

Nach einem Basketballspiel sollten mindestens 24 Stunden vergehen, bevor die Sauna aufgesucht wird. Der Saunagang sollte mindestens 48 Stunden vor einem Wettkampf liegen.

Der Saunagang

Auf den insgesamt 8- bis 15-Minuten-Aufenthalt in der Sauna folgt zunächst eine kurze Abkühlphase an der frischen Luft. Danach wird der Schweiß kalt abgeduscht und ein kaltes Bad in einem Tauchbecken genommen. Anschließend wird zur Erholung ein Ruheraum aufgesucht. Warme Fußbäder können vor der Ruhe genommen werden, um dem Nachschwitzen entgegenzuwirken.

In der Regel wird die gesamte Prozedur zwei- bis dreimal wiederholt. Mehr als drei Saunagänge bewirken meist keinen höheren Nutzen, können jedoch zu starken Ermüdungserscheinungen führen.

Der optimale Ablauf eines Saunagangs

Schwitzphase	8-15 Min.
Abkühlphase	Ca. 15 Min. (davor kurz in oder unter kaltes Wasser)
Ruhephase	Ca. 15 Min.
Wiederholungen	2-3 Mal

4.5 KOMPRESSION

Kompressionskleidung

Ob Strümpfe, Armsleeves, ganze Ober- und Unterteile –, Kompressionskleidung wird in vielen Ausführungen angeboten. Ursprünglich zur Verhinderung von Venenerkrankungen, hat die Kleidung seit über zehn Jahren Einzug in den Sport erhalten. Vermeidung von Verletzungen, Erhöhung der Leistung sowie schnellere Regeneration wird dem Träger versprochen.

Physiologisch wird durch das Tragen von Kompressionskleidung nach einem Wettkampf oder Training Folgendes erreicht:

1. Verbesserter Abtransport von Stoffwechselprodukten.
2. Optimierung des Reparaturprozesses von Zellen.

Durch diese Mechanismen kann die Regeneration insbesondere in Bezug auf Muskelkater beschleunigt werden. Kompressionskleidung wird in verschiedene Kompressionsklassen unterteilt. Von einem sehr leichten Druck von 15-21 mmHg, bis zu sehr starkem Druck von über 49 mmHg, kann Kompressionskleidung erworben werden. Zur Regeneration sollte der Druck sehr leicht, also bei 15-21 mmHg, liegen. Die Kleidung sollte direkt nach dem Wettkampf angezogen werden. Die besten Werte werden erreicht, wenn die Kleidung mindestens 12-48 Stunden nach Belastung getragen wird. Besonders bei langen Heimreisen mit dem Bus oder Pkw sollte Kompressionskleidung getragen werden [5, 9, 14].

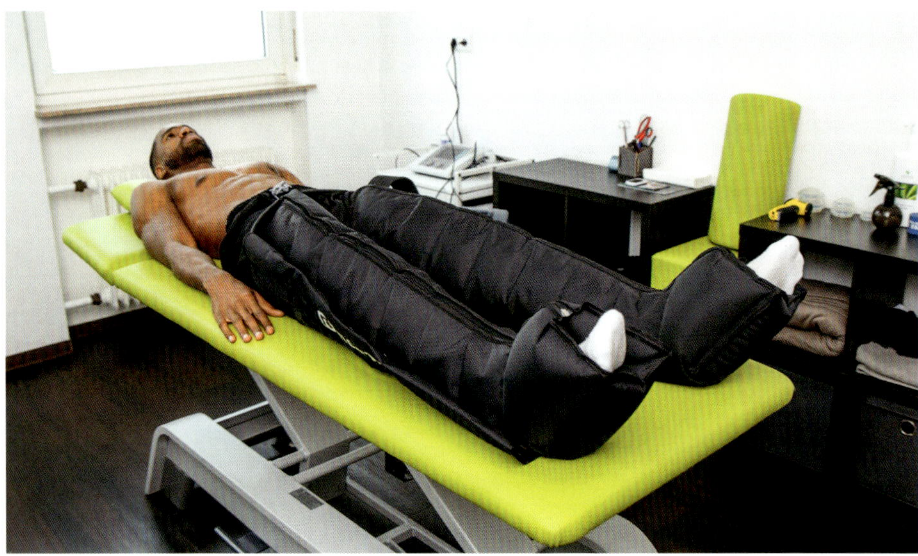

Kompressionstherapie

Die Kompressionstherapie wird durch eine Art Hose oder Anzug angewendet, in welche zunächst Luft gepumpt und dann wieder abgelassen wird. Das Gerät erzeugt eine gleitende Massage an den Beinen. Dies hilft dem Körper, Abfallprodukte des Stoffwechsels abzutransportieren, die während einer harten Trainingssession oder im Wettkampf entstehen. So verhindert die Kompressionstherapie aktiv ungewollte Symptome nach sportlicher Belastung, wie Muskelkater. Die Anwendungsdauer sollte bei mindestens 15-20 Minuten liegen, kann jedoch auch bei leichtem Druck bis zu einer Stunde dauern. Der Druck sollte etwa 60-80 mmHG betragen [15, 38].

4.6 KONTRASTDUSCHE

Bei einer Kontrastdusche oder Kontrasttherapie duscht sich der Athlet im Wechsel mit warmem bzw. heißem und kaltem Wasser ab. Auch das Eintauchen in ein Wasserbecken mit unterschiedlichen Temperaturen ist möglich, jedoch viel aufwendiger.

Durch eine Kontrastdusche im Anschluss an einen Wettkampf oder an ein Training kann insbesondere die muskuläre Regeneration verbessert werden. Eine intensive körperliche Belastung setzt das Enzym Creatinkinase (CK) frei, welches für Reparaturprozesse im Muskel zuständig ist. Durch die Anwendung einer Kontrasttherapie werden bis zu dreieinhalb Tage nach Belastung niedrigere CK-Werte gemessen – im Vergleich zu einer Regeneration ohne Unterstützung [14].

Heißes Wasser aus der Dusche hat eine Temperatur von ca. 40-50° C, kaltes Wasser von etwa 15° C. Bei der Kontrastdusche sollte also auf maximale Wärme und maximale Kälte der Dusche eingestellt werden.

Anwendungsvorschlag: 2-5 Sätze à 1 Min. kalt – 1 Min. heiß [18].

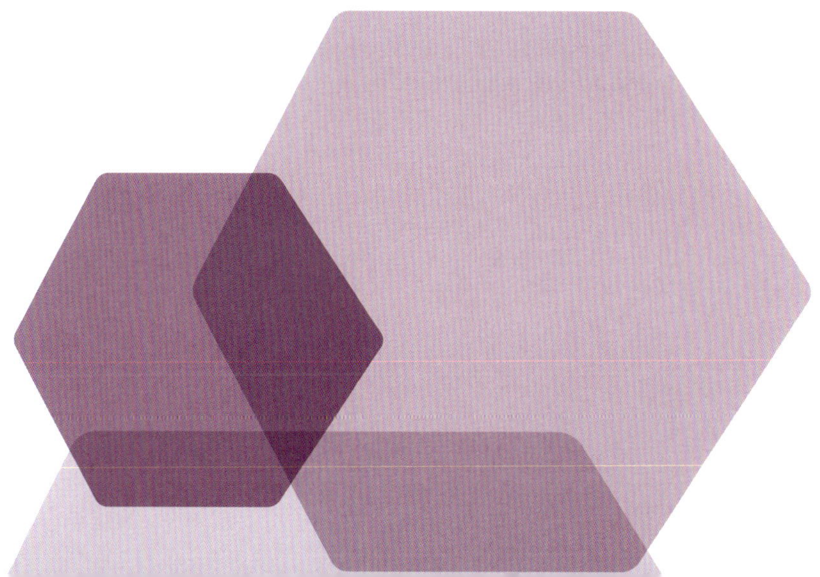

4.7 SCHLAFTUNING

Schlaf hat eine große Bedeutung für die physische und psychische Regeneration. Guter Schlaf ist die Voraussetzung für optimale Leistungsfähigkeit im Sport. Zu wenig oder schlechter Schlaf kann in einen gereizten, unkonzentrierten und sogar kranken Zustand führen. Optimaler Schlaf hängt sowohl von qualitativen wie auch quantitativen Faktoren ab.

Kennst du das Gefühl, zu lange geschlafen zu haben? Oder hast du schon einmal erlebt, dass du vor dem Wecker aufwachst und hellwach bist? Das liegt an unseren Schlafzyklen. Jeder Schlafzyklus dauert ca. 90 Minuten. Es werden verschiedene Phasen durchlaufen:

1. Einschlafphase: Wir bewegen uns zwischen wach sein und schlafen.
2. Leichtschlafphase: Sie nimmt den größten Teil eines Zyklus ein.
3. Tiefschlafphase: Der Körper leitet die physische Erholung durch Ausschüttung von Wachstumshormonen ein.
4. Rapid Eye Movement Phase: Dies ist die Traumphase. Bei Kindern kann diese Phase 50 Prozent des Zyklus einnehmen. Am Ende dieser Phase wachen wir (oft unbewusst) kurz auf, bevor ein neuer Zyklus mit der 1. Phase beginnt.

Wenn man also mitten in einer Tiefschlaf- oder REM-Phase geweckt wird, ist man nicht wirklich erholt. Geht man im Optimalfall von fünf kompletten Schlafzyklen à 90 Minuten aus, dann liegt die Schlafdauer bei 7,5 Stunden. Kinder (6-13 Jahre) sollten neun bis elf Stunden schlafen, Jugendliche (14-17 Jahre) acht bis zehn Stunden. LeBron James berichtet von acht bis zu ganzen zwölf Stunden Schlaf pro Nacht.

Licht hat einen sehr großen Einfluss auf unseren Schlaf. Licht lässt unser hormonelles System das aktivierende Hormon Cortisol produzieren. Zusätzlich wird die Ausschüttung des schlaffördernden Hormons Melatonin gebremst. Neben dem natürlichen Sonnenlicht setzen wir uns in unserem Alltag vielen künstlichen Lichtquellen aus. Mobiltelefon, Tablett, TV oder Laptop verändern den natürlichen Zyklus von Schlaf- und Wachphasen. So ist es ratsam, etwa eine Stunde vor dem Zubettgehen auf externe Lichtquellen zu verzichten. Bestimmte Lichtfilter, wie z. B. Night Shift, können zusätzlich gegen Abend eingesetzt werden.

Geräusche mit einer Lautstärke ab 70 dB (Wasserkocher oder Wasserhahn) beeinflussen die Schlafqualität negativ. Das Einschlafen vor laufendem Fernseher ist also negativ in zweifacher Hinsicht. Neben der Dauer des Schlafes sind auch weitere qualitative Kriterien bedeutsam für einen optimalen Schlaf.

Optimaler Schlaf bedeutet

1. Um ca. 22:30 Uhr ins Bett zu gehen
2. Innerhalb von zehn Minuten einzuschlafen
3. Die ganze Nacht durchzuschlafen
4. Ohne Wecker aufzuwachen

Generelle Tipps

- Kein Mobiltelefon, Laptop etc. ab 21.00
- Flugmodus einschalten
- kein WLAN im Schlafzimmer
- Standby vom TV ausschalten
- Raumtemperatur zwischen 16 und 18° C
- Ca. 7,5 Stunden Schlaf (Schlafzyklen beachten)
- Abgedunkeltes Schlafzimmer
- Ruhe
- Letzte große Mahlzeit spätestens drei Stunden vor dem Zubettgehen
- Kein Alkohol und Koffein vor dem Einschlafen
- Lüften, evtl. Fenster auf Kipp
- Anwendung von Meditation und binauralen Beats

[32]

Power Nap

Ein kurzes „Nickerchen" am Mittag kann eine hervorragende Regenerationsstrategie sein. Bei mehreren Trainingseinheiten am Tag ist es sinnvoll, die Mittagsmüdigkeit durch ein Power Nap zu überbrücken, um so wieder energiegeladen in die nächste Trainingseinheit zu gehen. Ein Power Nap sollte nicht länger als 30 Minuten dauern. Das schnelle Einschlafen muss natürlich geübt werden.

Folgendes sollte beachtet werden:

1. Ruhiger, abgedunkelter Ort
2. Wecker auf 10-20 Minuten
3. Einschlafen nicht erzwingen
4. Zügig nach Klingeln des Weckers aufstehen

4.8 DE-BRIEFING

Im Sport wird De-Briefing als eine Diskussion zwischen Trainer und Athlet nach einem Wettkampf gesehen. Ziel ist eine positive Veränderung für die Zukunft.

Ein De-Briefing hilft, Lernprozesse anzukurbeln, es motiviert und steigert das Selbstvertrauen und trägt zur psychischen Regeneration bei. Weiterhin kann die Diskussion die Leistung von Teams steigern, negative emotionale Effekte minimieren und die Beziehung zwischen Trainer und Athleten verbessern.

Während eines De-Briefings reflektieren die Teilnehmer positive und negative Komponenten von Leistung. Auch eine Videoanalyse kann Teil des Gespräches sein.

Kobe Bryant erklärt in verschiedenen Interviews immer wieder die Wichtigkeit von Selbstreflexion:

„Du kannst mehr aus Fehlern lernen als durch Erfolge. Du musst diese Landminen finden und verhindern, auf sie zu treten. Und wenn du auf sie getreten bist, musst du dir Gedanken machen, wie du wieder auf die Beine kommst!"

Für das De-Briefing ist nicht unbedingt ein Trainer nötig. Am Morgen nach einem Spiel mit etwas Ruhe und Zeit kann der Sportler sich selbst folgende Fragen stellen:

„Was habe ich im gestrigen Spiel gut gemacht?"

„Was habe ich in der Trainingswoche getan, das mir ermöglicht hat, die oben genannten Dinge gestern gut zu absolvieren?"

„Was muss ich im nächsten Spiel besser machen als gestern?"

„Was muss ich in der kommenden Trainingswoche tun, um die oben genannten Dinge im nächsten Spiel besser zu machen?"

Falls die Möglichkeit einer Videoanalyse besteht, kann ein aktiver Austausch stattfinden und folgende Fragen können Anwendung finden:

„Was hast du bei bestimmten Aktionen gedacht?"

„Worauf lag dein Fokus?"

„Was hast du wahrgenommen?"

„Wie bewertest du deine Aktionen?"

[24]

4.9 COOL-DOWN / AKTIVE REGENERATIONSEINHEIT

Ein Cool-down schließt sich direkt einem Training oder Spiel an, während eine aktive Regenerationseinheit am Folgetag des Spiels stattfindet.

Ein Cool-down hat eine Dauer von 15-30 Minuten. Auslaufen, Dehnungen oder Rollen auf der Blackroll sind häufig praktizierte Maßnahmen. Physiologisch hat ein Cool-down direkt nach einem Training jedoch auch negative Aspekte. Einem durch Training oder Wettkampf hervorgerufenen Anstieg von Laktat (Abfallprodukt, das sich bei großen Anstrengungen im Körper anhäuft) wird entgegengewirkt. Laktat hat jedoch wenig mit der Regeneration von Muskelbeschwerden zu tun. Vielmehr hilft es dabei, die Muskulatur aufzubauen. Daher sollte nach einem Krafttraining kein Cool-down durchgeführt werden!

Direkt nach einem Wettkampf kann der Athlet mit der Blackroll ausrollen, die Füße hochlegen, Eisbäder nehmen, Kompressionskleidung anziehen und möglichst schnell Flüssigkeit und Nahrung zuführen.

Eine aktive Regenerationseinheit am Folgetag hat eine Dauer von bis zu einer Stunde. Lockere Bewegungen sowie ein Roll-Stretch-Move (RSM) eignen sich hier.

Self Myofascial Release (SMR) / Foam Rolling

Der Begriff Myofaszie beschreibt die untrennbare Einheit aus Muskelgewebe (Myo) und umgebendem, bindegewebigem Netzwerk (Faszie). Durch das Rollen über Bälle, Sticks oder Schaumstoffrollen soll dieses Gewebe behandelt werden. Folgende Auswirkungen können dadurch erzielt werden:

1. Linderung von Ermüdung und Schmerz
2. Bewegungserweiterung
3. Steigerung von muskulärer Leistung durch
    - Steigerung der Sensorik
    - Optimierung des Blutflusses
    - Steigerung der Muskelaktivität
    - Optimierung von Gewebequalität

Belastungsparameter

1. Mindestens zehn Sekunden pro Segment
2. Maximaler Druck = 50 % Körpergewicht
3. Druckschmerz bis 7,5/10

Roll-Stretch-Move-Methode (RSM)

Die RSM-Methode basiert auf dem Gedanken, dass das Gewebe durch das Ausrollen vorbereitet, danach gedehnt und dann in seiner jeweiligen Funktion genutzt wird. Stell dir vor, du hast durch viel Training einen Knoten im Muskel. Würdest du nun Dehnungsübungen machen, würdest du den Knoten nur fester ziehen. Durch das Ausrollen löst du den Knoten. Im Nachhinein kannst du den Muskel wieder auf seine normale Länge bringen. Durch diese Isolierte Mobilisation zentrierst du deine Gelenke. Wenn dies geschehen ist, machst du Übungen, welche den Muskel in seiner Funktion beanspruchen. Auf Basis der verbesserten Sensorik und Beweglichkeit wird der Bereich durchbewegt, um die verbesserte Effizienz im Nervensystem abzuspeichern. Das ist natürlich nur ein Denkmodell. In der Praxis eignet sich die RSM-Methode jedoch hervorragend für eine Regenerationseinheit.

Belastungsparameter RSM

5 Minuten Roll Ganzkörper

10 Minuten Stretch und Move Ganzkörper

oder

Roll-Stretch-Move

- Segment für Segment
- 2 x 10 Sekunden SMR / 30 Sekunden Stretch / 5 Wdh. Move

Beispiel Roll-Stretch-Move Lower Body

SMR Plantarfaszie/Wade/Oberschenkel hinten	2 x 10 Sek. pro
Wadenstretch	2 x 30 Sek. pro
Storchenbaby	2 x 5 Wdh. pro
SMR Adduktoren/Gesäß	2 x 10 Sek. pro
Adduktoren-/Gesäßstretch	2 x 30 Sek. pro
Squat	2 x 5 Wdh.

[23], [27]

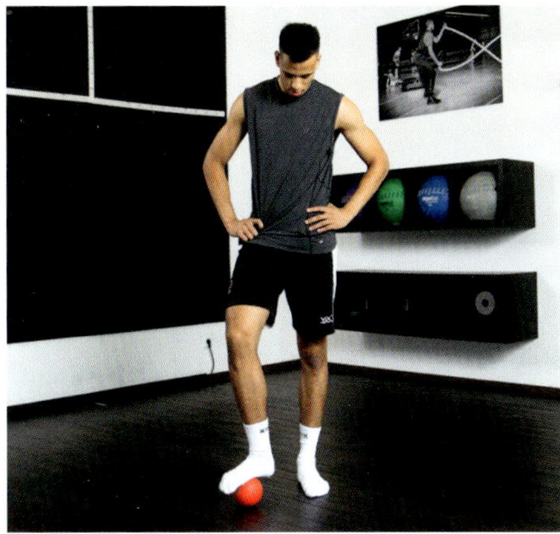

SMR Plantarfaszie

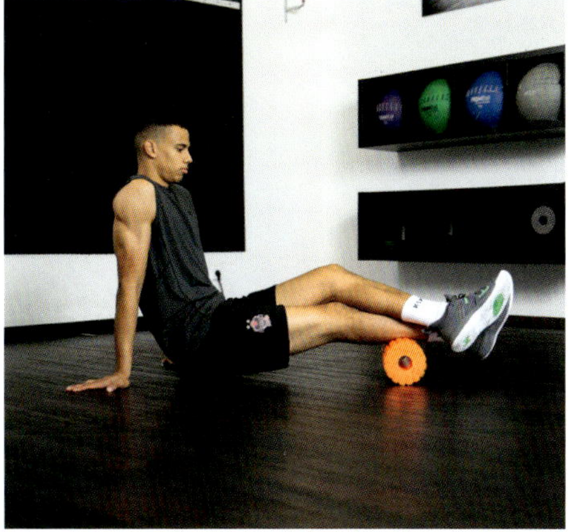

Wade

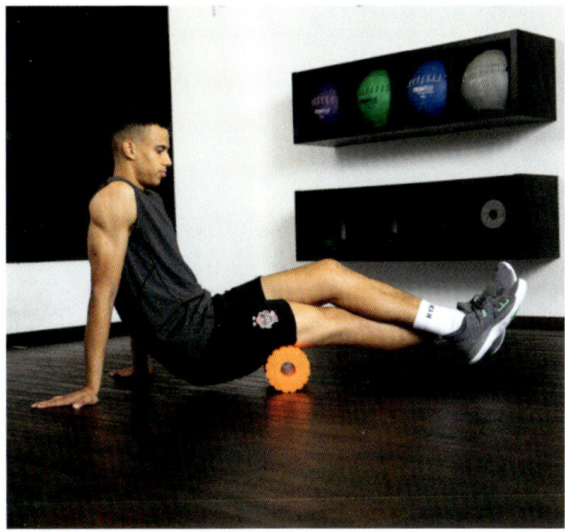

Oberschenkel hinten

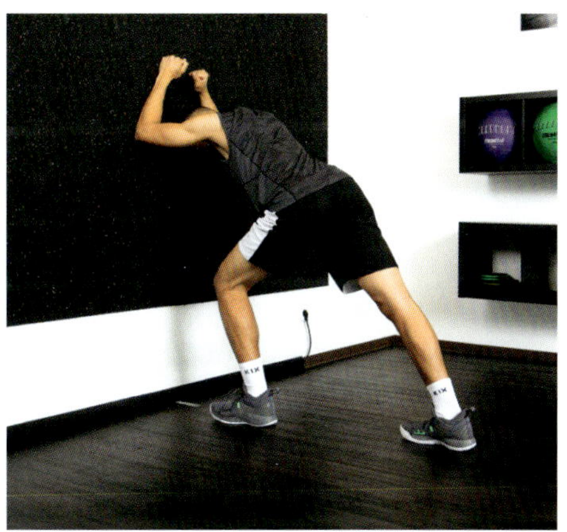

Wadenstretch

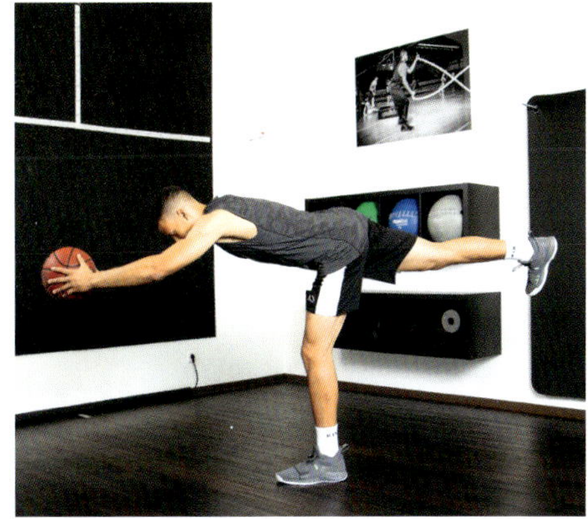

Storchenbaby

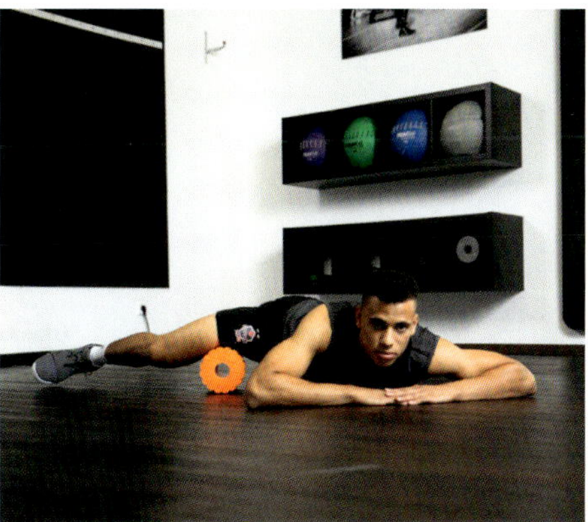

SMR Adduktoren

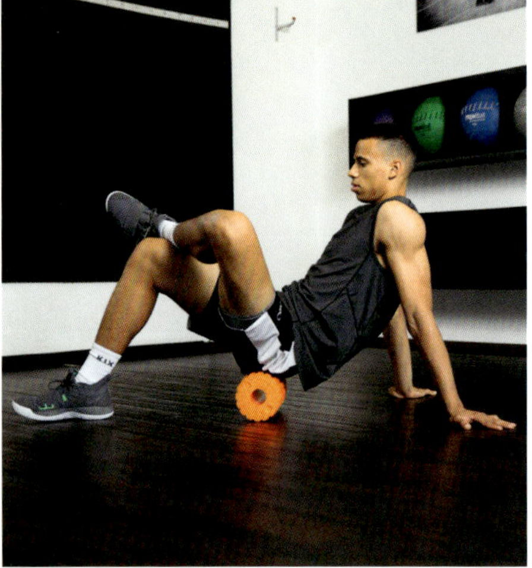

SMR Gesäß

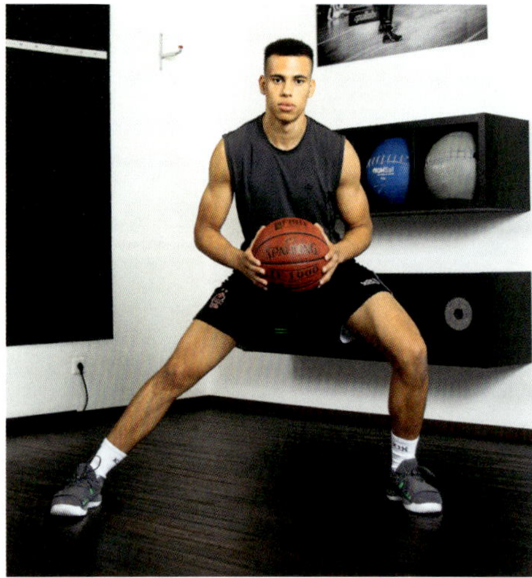

Adduktorenstretch

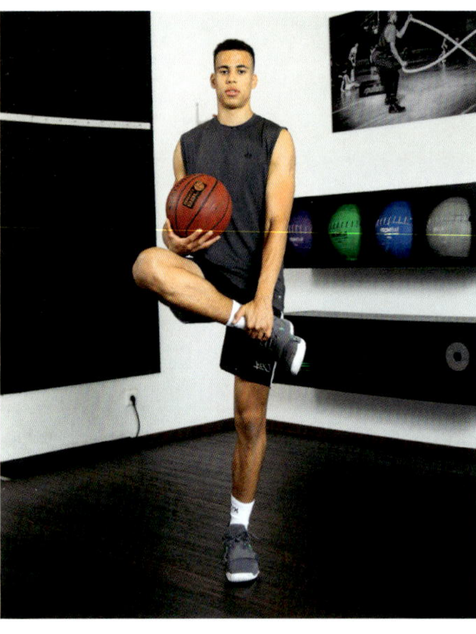

Gesäßstretch

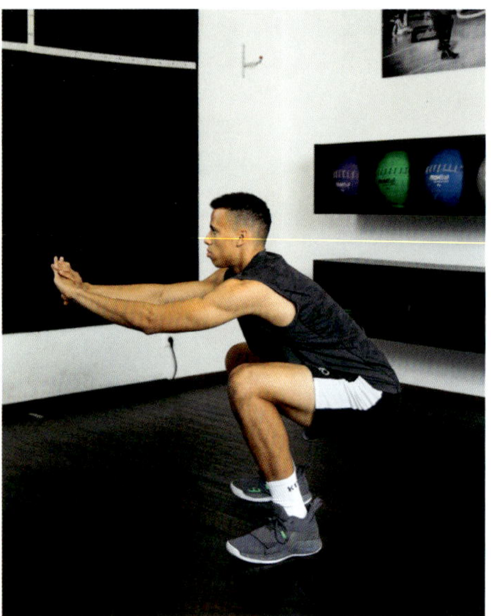

Squat

4

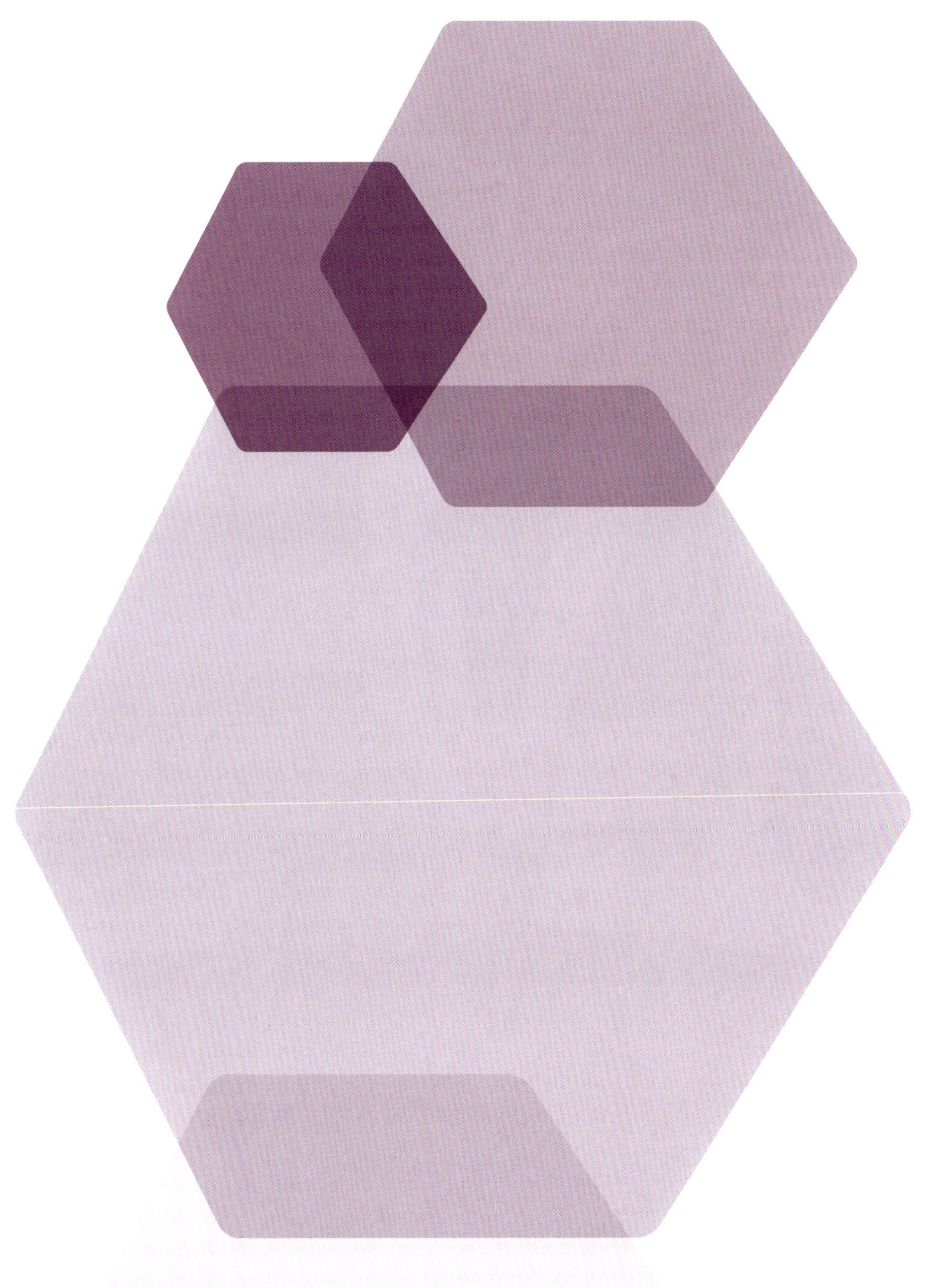

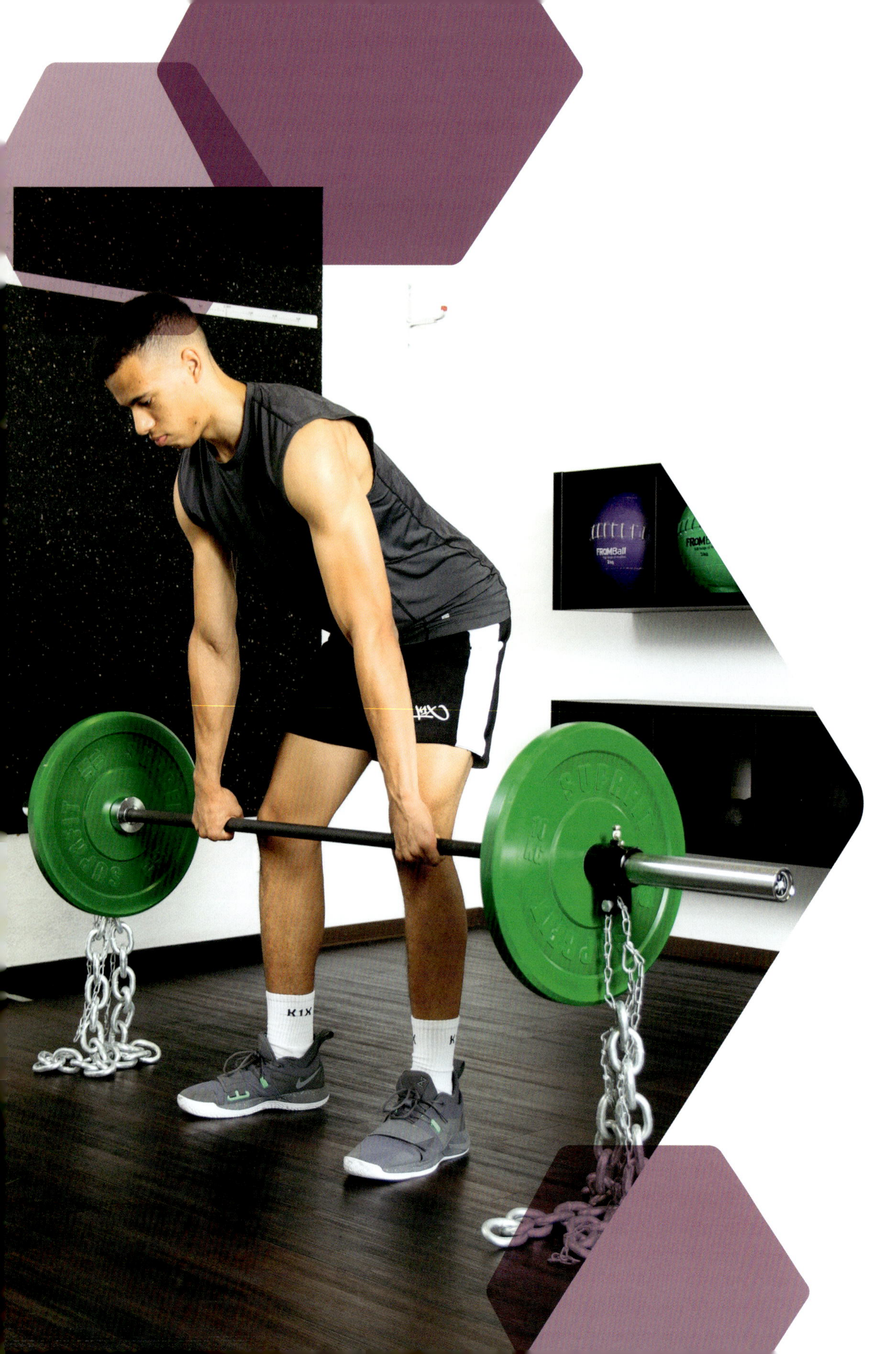
FROMBall
K1X

Krafttraining – der Motor

5

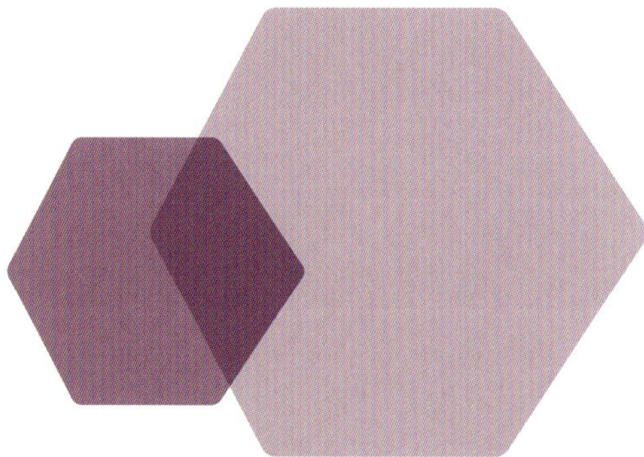

„I don't lift – because this is too heavy" – nur eine der tiefgründigen Aussagen von einem der besten Athleten der Basketballgeschichte, Allen Iverson. Also wieso Krafttraining, wenn es anscheinend auch ohne für die NBA reicht? Was hat Allen Iverson zu einem Topathleten gemacht, wenn er keine schweren Gewichte gestemmt hat?

Die Antwort ist Schnellkraft oder Power! Die wichtigste Kraftkomponente im Basketball. Nun werden nur die Wenigsten mit einer gegebenen Schnellkraft wie AI geboren sein. Wie schafft man es also, der beste Athlet zu werden, der man sein kann? Naja, mit hoher Wahrscheinlichkeit müssen doch schwere Gewichte gehoben werden!

Das Krafttraining für Basketballer sollte drei Säulen umfassen:

1. Hypertrophie
2. Maximalkraft
3. Schnellkraft (Power)

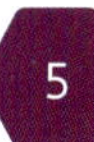

5.1 HYPERTROPHIE

Der Begriff Hypertrophie beschreibt die Zunahme von Muskelmasse. Besonders im Bodybuilding ist die Zunahme von Muskelmasse ein grundlegendes Element im Training. Jedoch ist der Basketballsport eine viel komplexere Anforderung an den Bewegungsapparat als die einfache Zurschaustellung von Muskeln wie im Bodybuilding. Die Entwicklung von Muskelmasse ist für einen Basketballer nur die Basis für einen athletischen Bewegungsapparat. Erst die Entwicklung von einer hohen Maximal- und Schnellkraft auf Basis der Muskelmasse machen einen Basketballer „Vom Hemd zum Helden"! So sollte schon beim Aufbau von Muskelmasse sehr funktionell, also mit wenig geführten Geräten, gearbeitet werden. Der Transfer zur Leistung auf dem Feld wird so bestens vorbereitet.

Escalating Density Training (EDT)

Beim Escalating Density Training (EDT) werden Übungen mit unterschiedlichem Bewegungsmuster ohne Pause in einem Zirkel trainiert.

In unserer modifizierten Variante (im Original übrigens von Charles Staley) werden drei Übungen ausgewählt, z. B. Squats, Pull-ups und Bankdrücken. Der Athlet führt jeweils 10-15 Wiederholungen aus und versucht, so viele Runden wie möglich in zwölf Minuten zu schaffen. Gegen Ende der 12. Minuten kann es sein, dass er keinen vollen Satz einer Übung mehr schafft. Dann wird direkt mit der nächsten Übung weitergemacht. Es zählen nicht die einzelnen Sätze, sondern die gesamten Wiederholungen des Trainings. EDT ist eine modifizierte Methode mit dem Ursprung im Bodybuilding.

EDT

Übungen	3
Wiederholungen	10-12
Sätze	12 Min.
Rhythmus	explosiv
Pause	keine

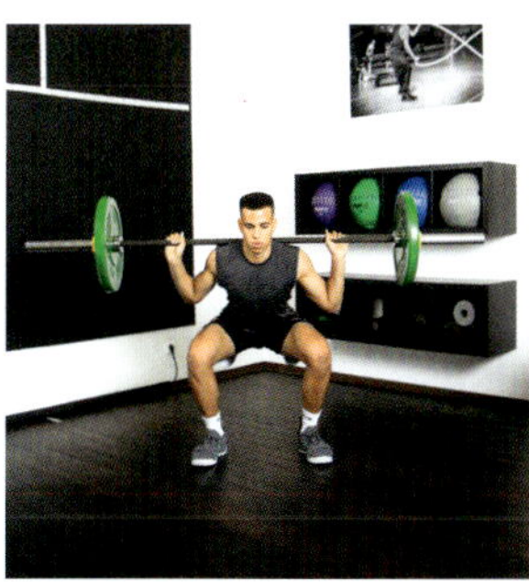

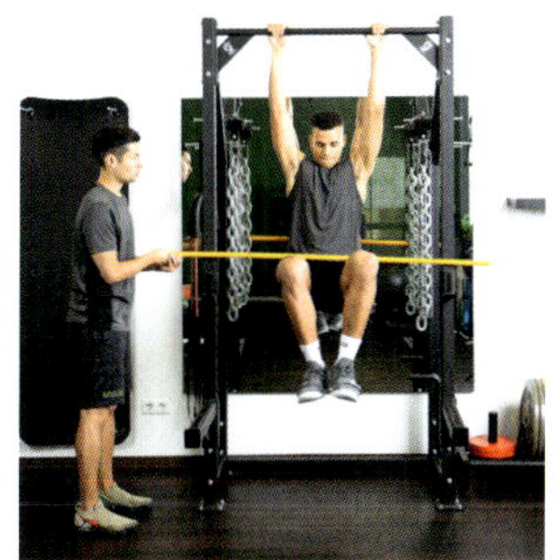

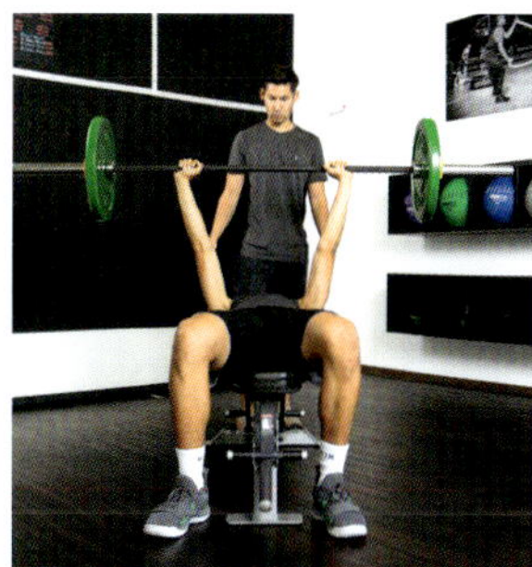

Komplexübungen

Der Sportler führt jeweils drei bis vier Wiederholungen von drei unterschiedlichen Übungen mit der Langhantel aus. Zum Beispiel vorgebeugtes Rudern, Umsetzen und Nackendrücken. Die Langhantel wird zwischen den einzelnen Übungen nicht abgesetzt.

Komplexübungen

Übungen	3
Wiederholungen	3-4
Sätze	3-5
Rhythmus	explosiv
Pause	2-3 Min. Satzpause; Hantel bleibt für 3 Übungen direkt hintereinander in den Händen

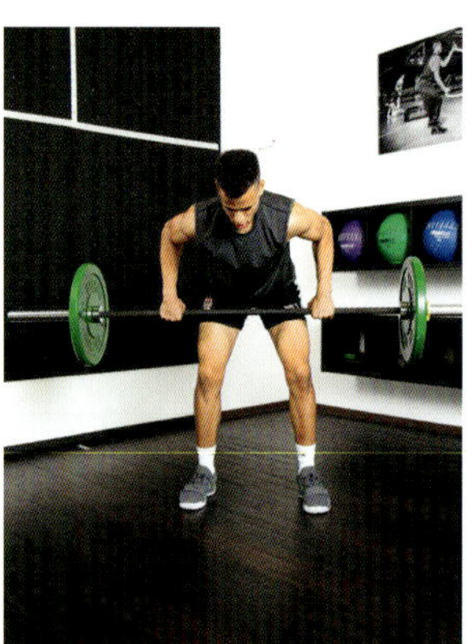

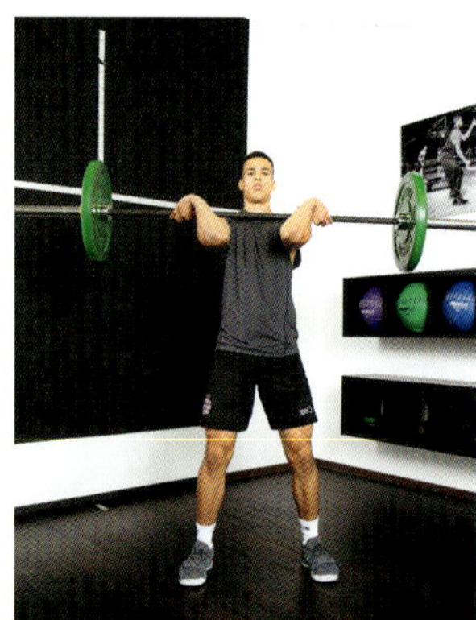

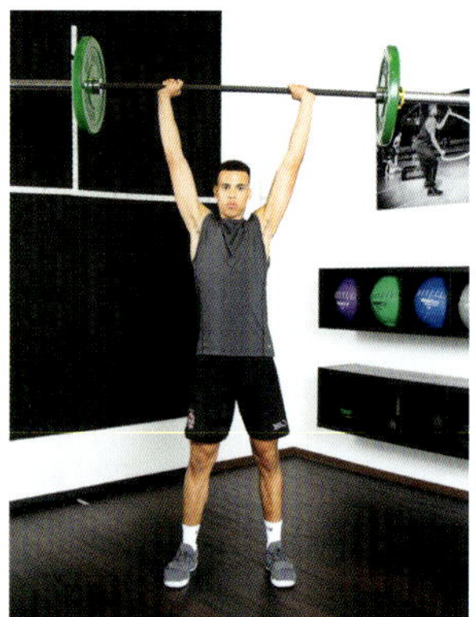

Blood Flow Restriction Training (BFRT)

Das Blood Flow Restriction Training (BFRT) macht sich einen physiologischen Vorgang zunutze. Beim Training werden über das Blut bestimmte Wachstumsfaktoren an den Muskel gesendet. Diese Botenstoffe kurbeln das Muskelwachstum an. Beim BFRT wird die Blutzufuhr zum trainierten Muskel vermindert, indem dieser mit einem Gummiband abgebunden wird. Wird nach dem letzten Satz das Gummiband entfernt, strömen die Wachstumsfaktoren in den unterversorgten Muskel. Dieser kann durch den plötzlichen Anstieg an Wachstumsfaktoren diese noch besser nutzen. Auch in der Reha ist BFRT interessant, da keine schweren Gewichte bewegt werden müssen.

Der Druck des Wickels sollte auf einer Skala von 0-10 auf 7 sein. Mit leichtem Gewicht werden fünf Sätze ausgeführt. 30 Wiederholungen im ersten Satz, danach vier Sätze à 15 Wiederholungen.

Blood Flow Restriction Training (BFRT)

Übungen	1
Wiederholungen	30 im 1. Satz, dann 4 x 15
Sätze	5
Rhythmus	2-0-1
Pause	60 Sek.

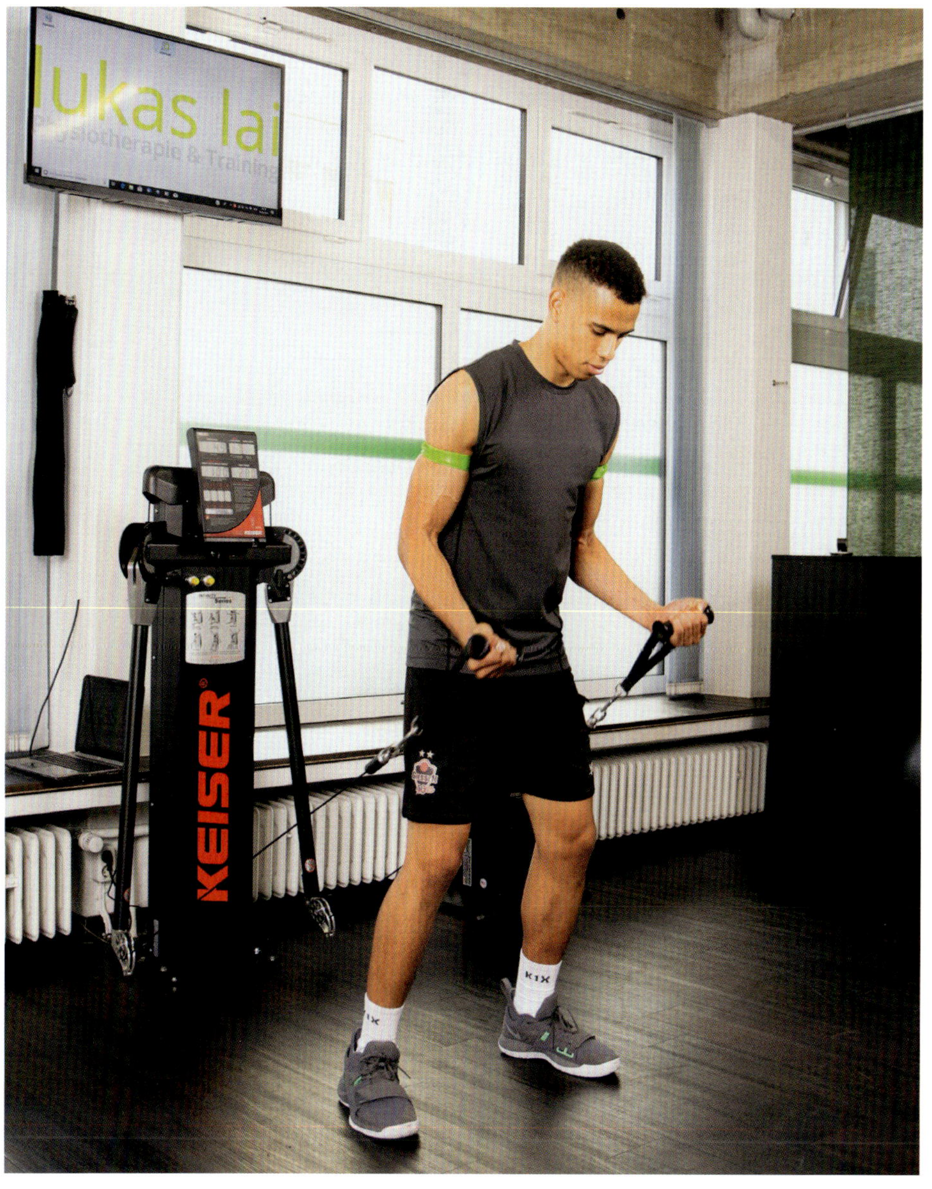

5.2 MAXIMALKRAFT

Die Maximalkraft ist die größtmögliche Kraft, die willkürlich gegen einen Widerstand ausgeübt werden kann. Hier eignen sich Übungen mit der Langhantel hervorragend. Die Übungen werden mit abnehmender Wiederholungszahl bei zunehmender Schwere durchgeführt. Die Pause kann durch korrigierende Übungen (siehe Kapitel FMS) gefüllt werden. An einem Trainingstag sollten sowohl für den Oberkörper als auch für die Beine Übungen durchgeführt werden. Es empfiehlt sich, ein Push/Pull Split. Das bedeutet, die einzelnen Übungen werden in Oberkörper-Push (Bankdrücken, Military Press) und -Pull (Klimmzüge, vorgebeugtes Rudern) eingeteilt. Gleiches gilt für den Unterkörper. Push (Squats), Pull (Kreuzheben). So wird an einem Tag Oberkörper-Push und Unterkörper-Pull trainiert, während es am nächsten Trainingstag genau anders herum gemacht wird.

Maximalkraft 85-100 Prozent

Übungen	1-2 pro Push/Pull
Wiederholungen	1-5
Sätze	3-5; Pyramide
Rhythmus	schnell hoch, kontrolliert runter
Pause	120-300 Sek.; korrigierende Übungen

Maximalkraft 70-85 Prozent

Übungen	1-2 pro Push/Pull
Wiederholungen	6-10
Sätze	3-5; Pyramide
Rhythmus	schnell hoch, kontrolliert runter
Pause	120-240 Sek.; korrigierende Übungen

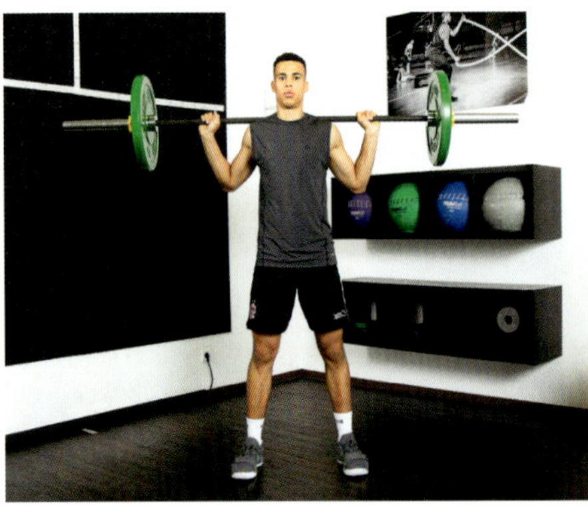

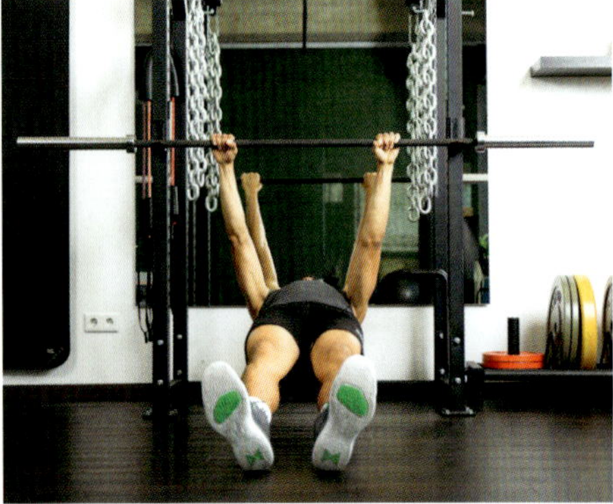

5.3 SCHNELLKRAFT (POWER)

Die Schnellkraft ist die Fähigkeit des neuromuskulären Systems, in der zur Verfügung stehenden Zeit einen möglichst großen Kraftimpuls zu erzeugen.

Olympisches Gewichtheben

Zum Olympischen Gewichtheben zählen wir folgende Übungen mit einer Langhantel, welche für Basketballer relevant sind:

- Hang Cleans
- Push Press

Olympisches Gewichtheben

Übungen	1-2; Olympic Lift
Wiederholungen	3-5
Sätze	3-5
Rhythmus	explosiv
Pause	120 Sek.

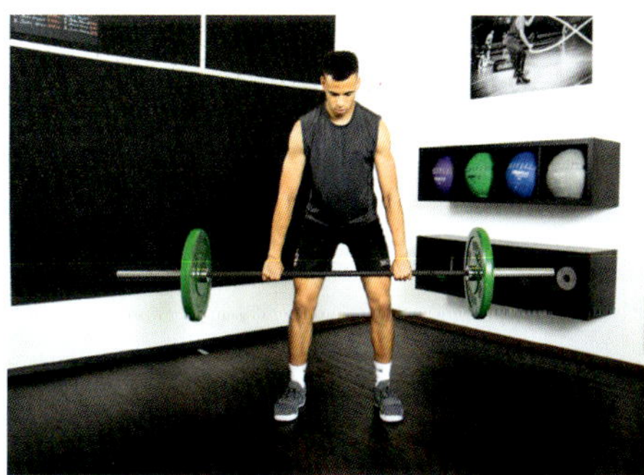

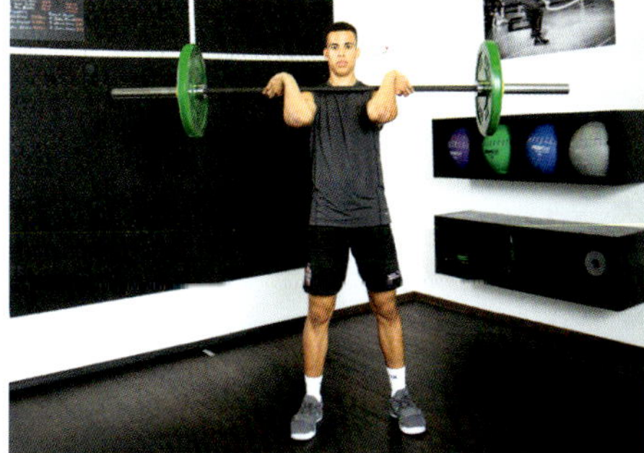

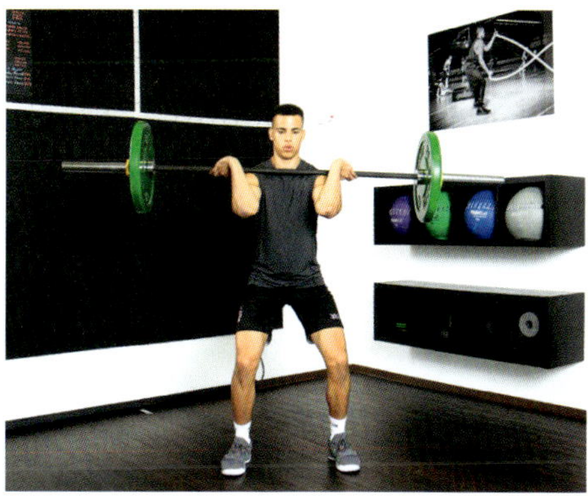

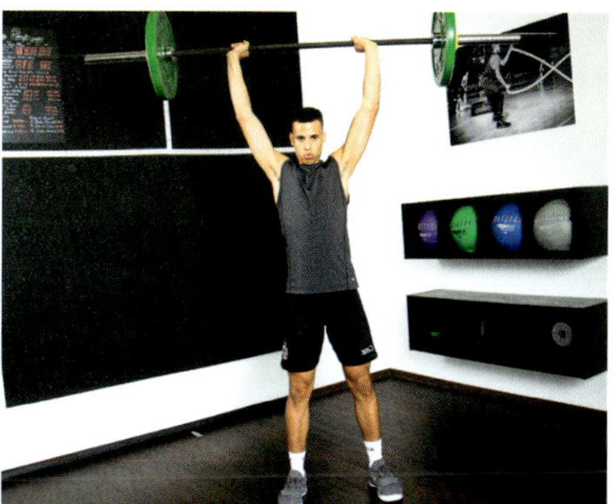

Modifizierte French Contrast Methode

Eine jede Bewegung setzt sich aus den Komponenten Exzentrik, Isometrie und Konzentrik zusammen. Je schneller wir von der Exzentrik in die Konzentrik umschalten können und dabei auch noch wenig Kraft in der isometrischen Phase verlieren, desto größer ist der Output von Power.

Die French Contrast Methode trainiert vordergründig einzelne dieser Bewegungskomponenten mit vier verschiedenen Übungen. Die erste Übung stammt stets aus dem normalen Kraftprogramm, z. B. eine Kniebeuge. Die 2. Übung hat das gleiche Bewegungsmuster, jedoch wird sie mit nur leichtem Gewicht explosiv ausgeführt, z. B. ein Squat Jump mit einer Kettlebell. Die 3. Übung hat das gleiche Bewegungsmuster, jedoch mit einer Unterstützung, z. B. Squat Jumps mit einem Stretching Band. Die 4. Übung wäre dann ein explosiver Absprung zum Dunk oder Layup gegen leichten Widerstand durch ein Band.

Modifizierte French Contrast Methode

Übungen	Pro Bewegungskomponente (Exzentrik, Isometrie, Konzentrik) jeweils 4 Übungen
Wiederholungen	4
Sätze	4
Rhythmus	unterschiedlich je nach Bewegungskomponente
Satzpause	120 Sek.

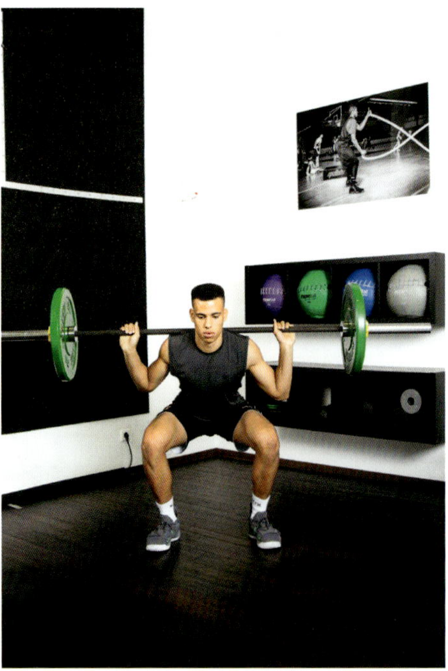

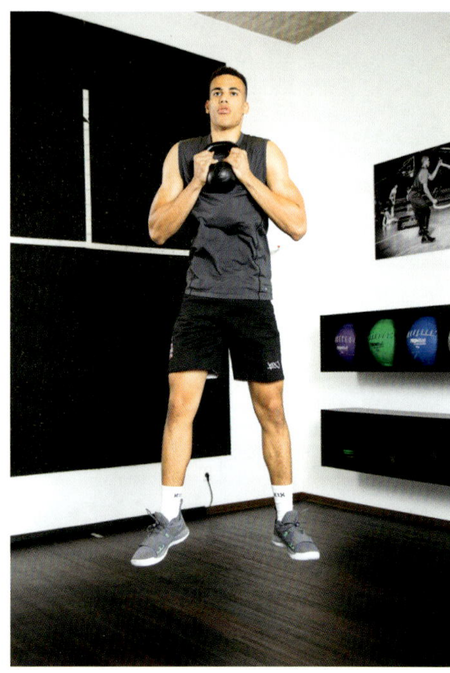

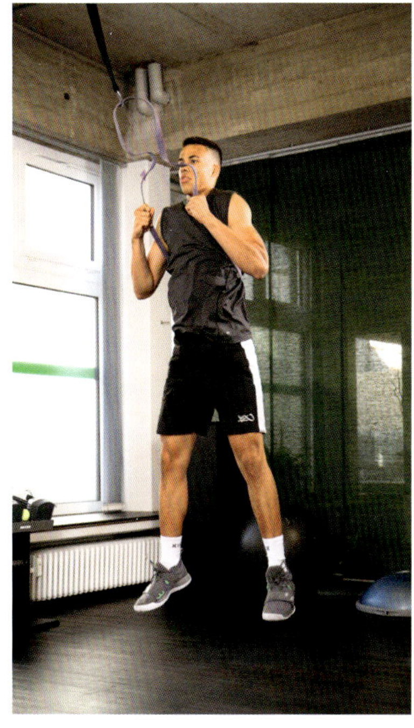

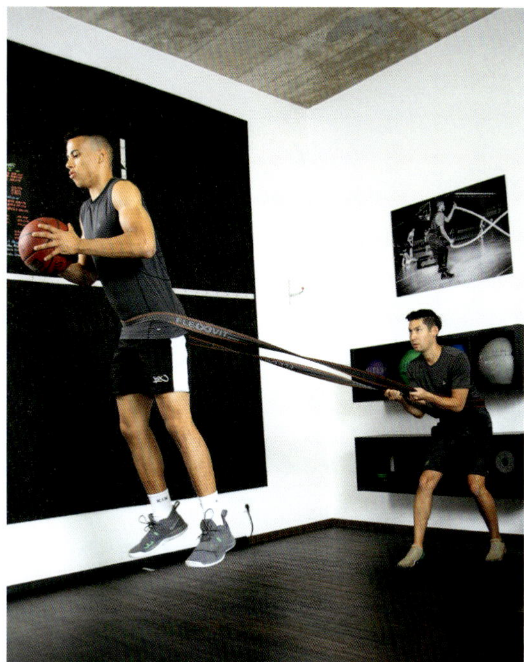

5.4 FUNCTIONAL TRAINING

Das Functional Training stellt ein ganzheitliches Trainingskonzept dar. Komplette Muskelketten werden gemeinsam trainiert, was zu einem optimalen Zusammenspiel von Muskulatur, Gelenken und Nervensystem führt. Die trainierte Bewegung sollte im ähnlichen Muster wie die sportspezifische Bewegung sein. Das Functional Training ist jedoch keine Akrobatik. Kniebeugen auf einem Physioball gehören in diesem Sinne nicht ins Functional Training.

Die Belastungsparameter richten sich nach der Qualität der Ausführung. So wird nicht bis zum Muskelversagen, sondern bis zum Qualitätsversagen trainiert.

Functional Circuit Training

Übungen	4-6
Wiederholungen	10-12
Sätze	2-3
Rhythmus	unterschiedlich
Pause	keine

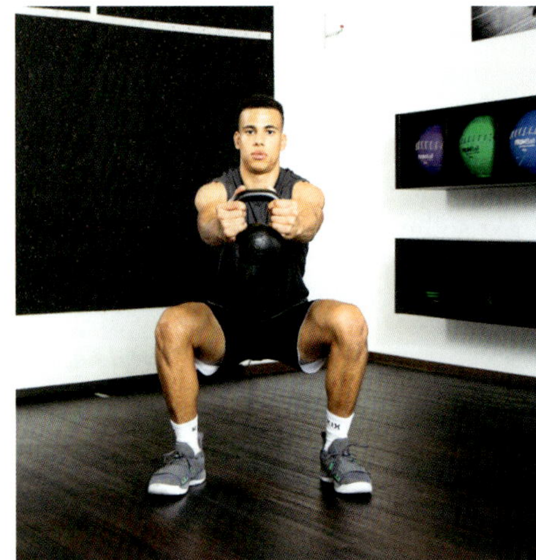

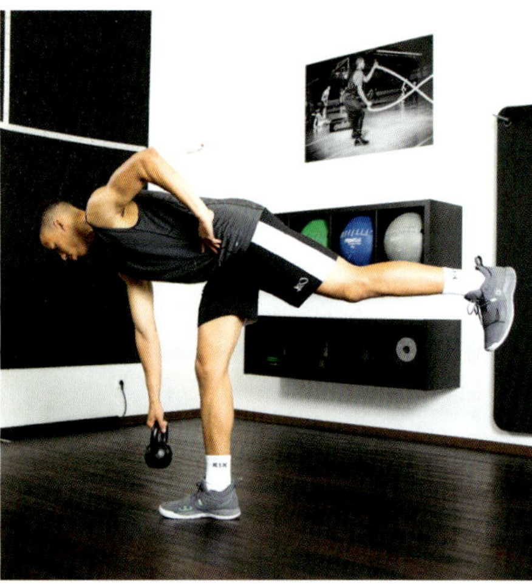

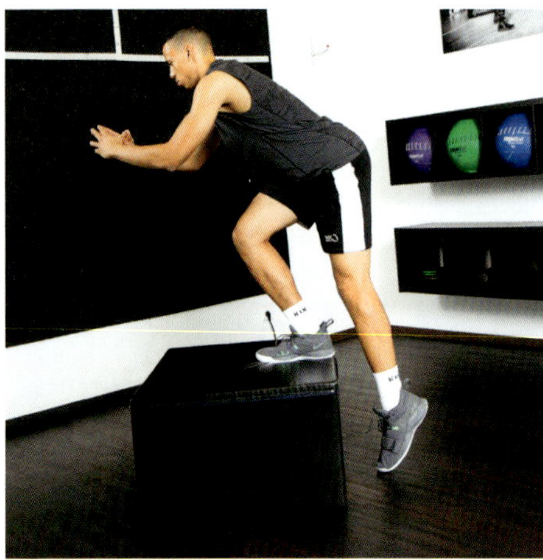

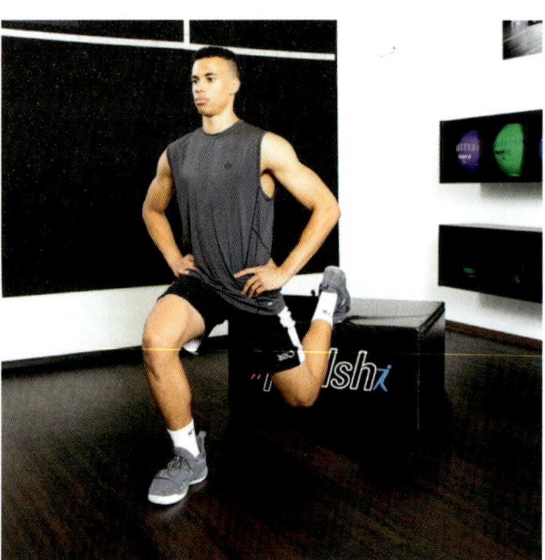

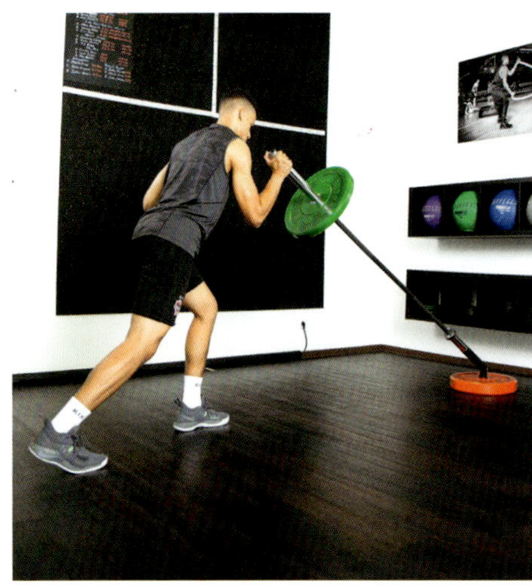

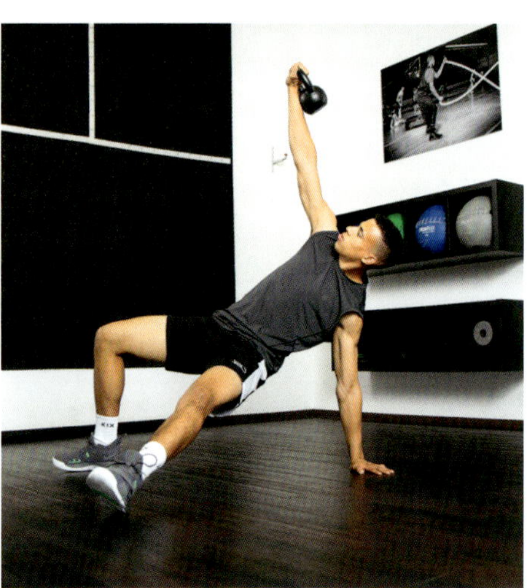

5.5 WARM-UP

Ob Basketball-, Ausdauer- oder Krafttraining, auf jede Einheit sollte sich der Sportler aktiv vorbereiten. Je nach Trainingsschwerpunkt sollte das Warm-up angepasst werden. Wenn zum Beispiel S.M.A.R.T. Suicides (siehe Kapitel Ausdauer) anstehen, sollten vor allem die Beine aufgewärmt werden. Steht Bankdrücken auf dem Programm, werden Schulter und Brustwirbelsäule in den Fokus genommen. Egal für welches Training, der Aufbau des Warm-ups bleibt immer gleich.

Ein kompletter Durchlauf sollte 30 Minuten nicht übersteigen und läuft nach den folgenden Schritten ab:

1. **General Warm-up**
2. **Mobilität**
3. **Stabilität**
4. **Dynamic Stretching 2.0**
5. **Bewegungsintegration**
6. **Aktivierung**

General Warm-up

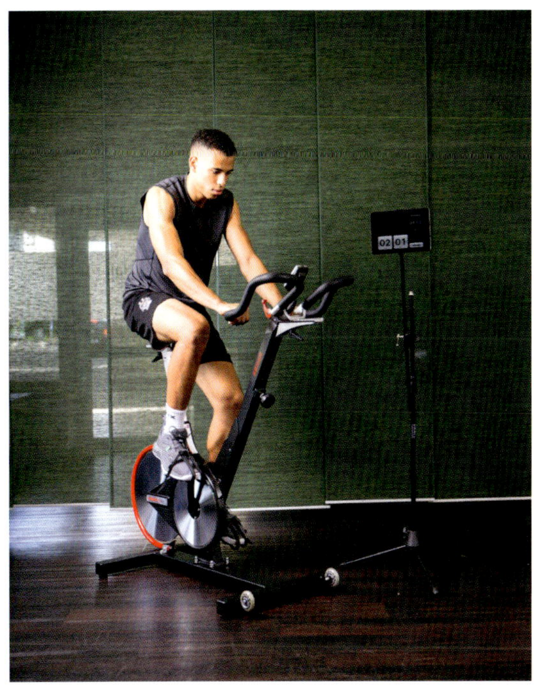

Das General Warm-up ist dazu bestimmt, Kopf und Herz auf das Training vorzubereiten. Leichte Bewegungen, wie Radergometer oder eine Runde „Form Shooting", sollen den Fokus auf das anstehende Training richten, das maximal fünf bis sieben Minuten dauern soll.

Mobilität

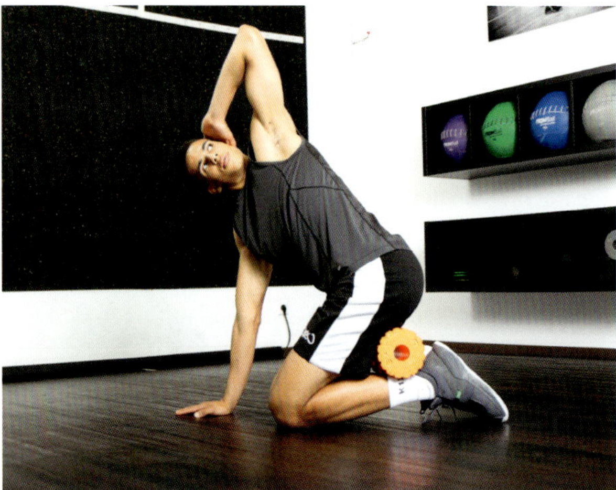

Hier werden korrigierende Übungen absolviert, welche das Ergebnis eines Functional Movement Screens (FMS) sind. Dauer: Maximal 5-7 Minuten.

Stabilität

Hier hat das 360° Core Training seinen Platz (siehe Kapitel Rückenschmerz). Das Stabilitätstraining sollte sich nicht auf statische Stützübungen beschränken. Übungen in verschiedenen Ausgangspositionen sollen die Rumpfmuskulatur bestens vorbereiten oder rehabilitieren. Ein 360° Core Training bedeutet ein Aktivieren der rumpfumspannenden Muskulatur in verschiedenen Positionen. Zusätzlich unterscheiden wir statische und dynamische Übungen. Dauer: Maximal 5-7 Minuten.

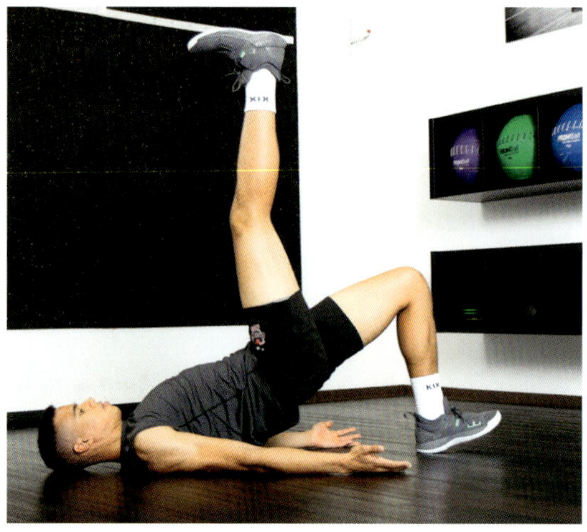

Falls im folgenden Training, z. B. Krafttraining, keine Laufbelastung geplant ist, kann jetzt gestartet werden. Sonst geht es mit Punkt 4 weiter, dem Dynamic Stretching 2.0.

Dynamic Stretching 2.0

Das Dynamic Stretching ist besonders im modernen Mannschaftssport ein gerne genutztes Mittel im Aufwärmprogramm. Dabei werden bestimmte Bewegungsmuster in der Funktion gedehnt. Dynamic Stretching 2.0 integriert im Anschluss noch eine basketballspezifische Bewegung. Dauer: maximal fünf Minuten.

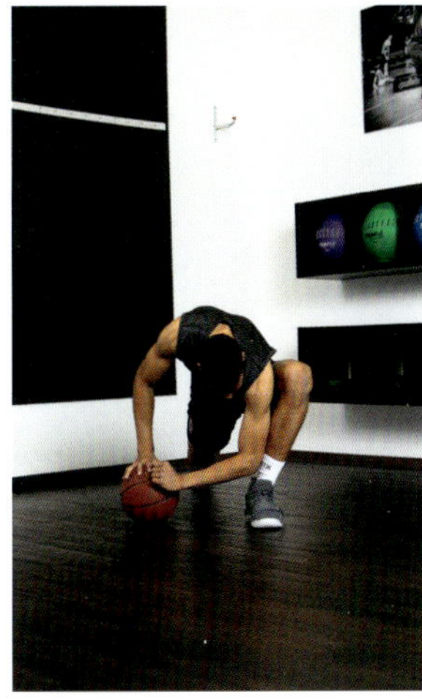

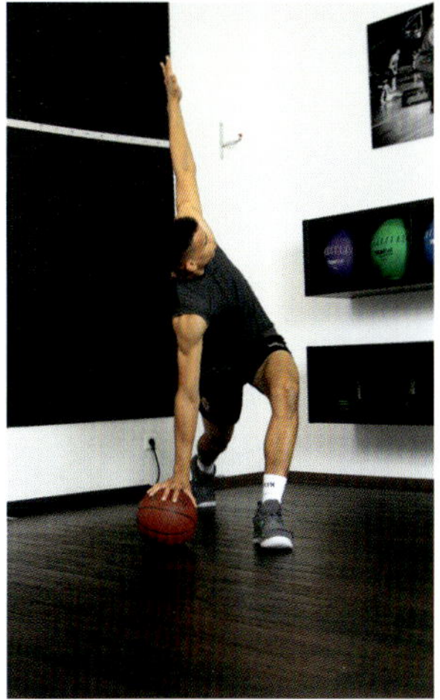

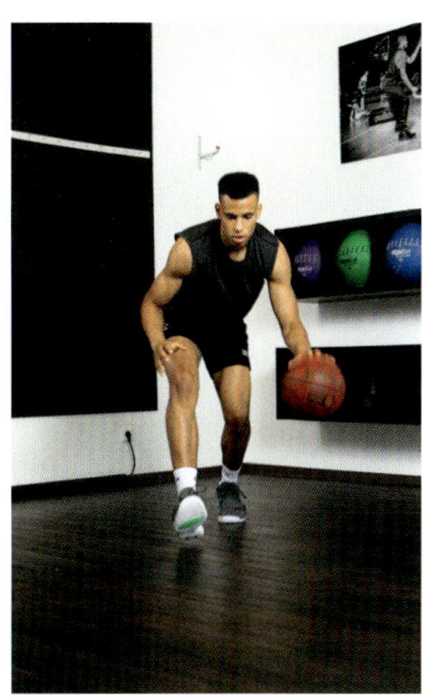

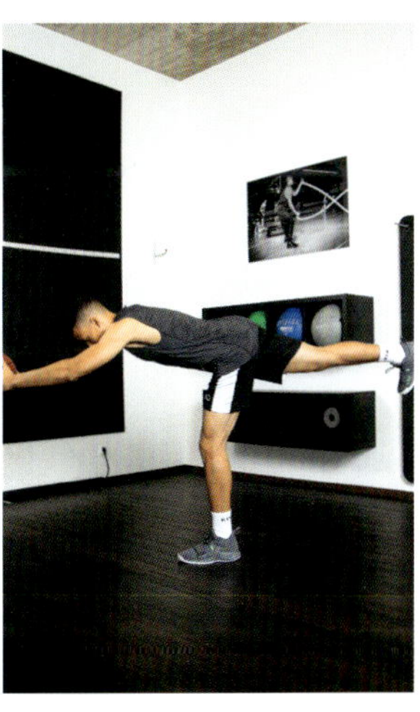

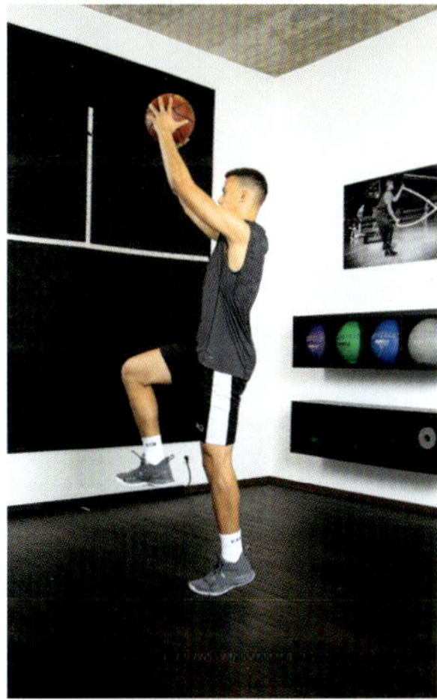

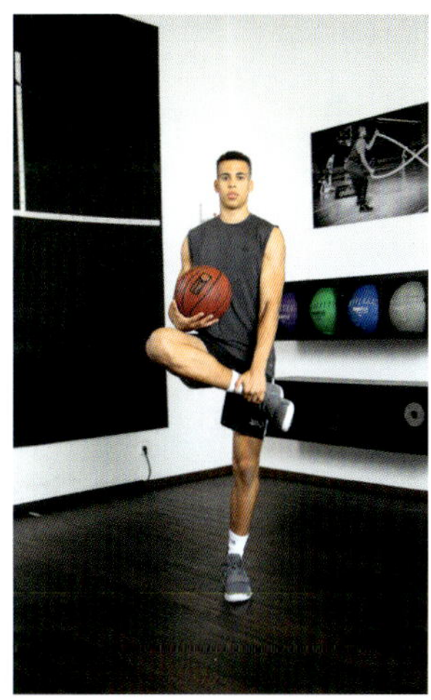

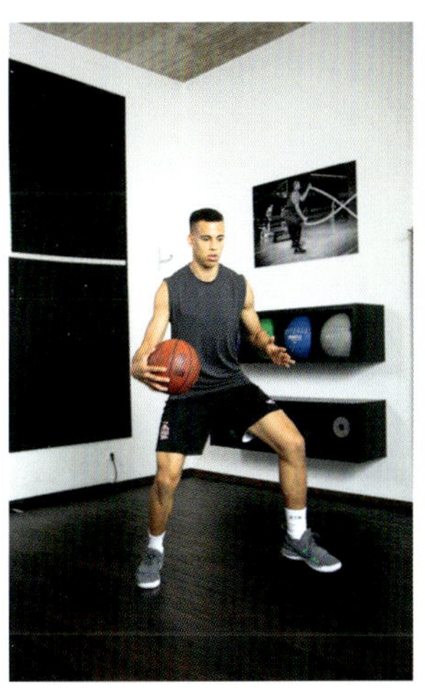

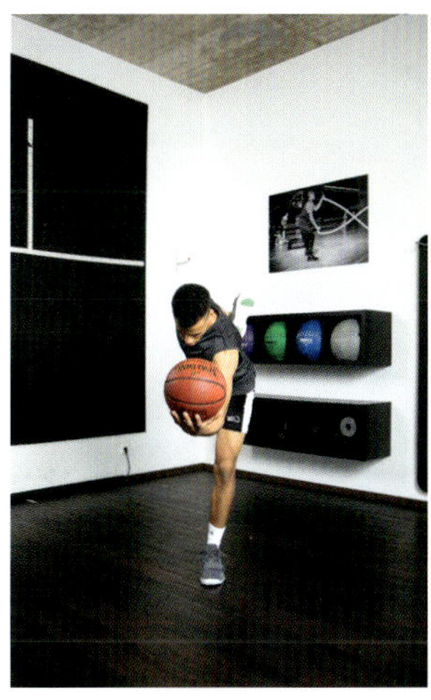

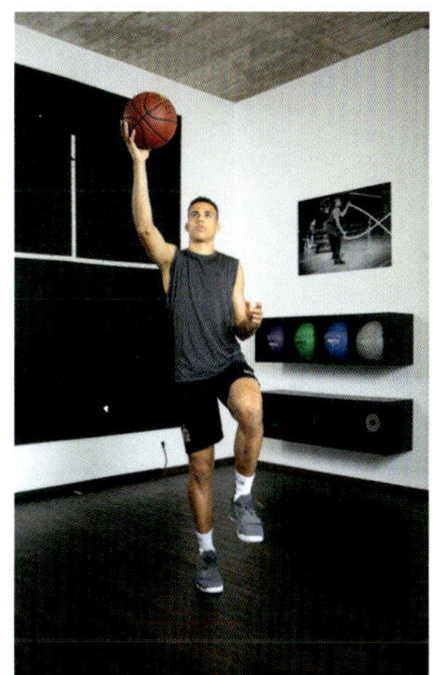

Bewegungsintegration

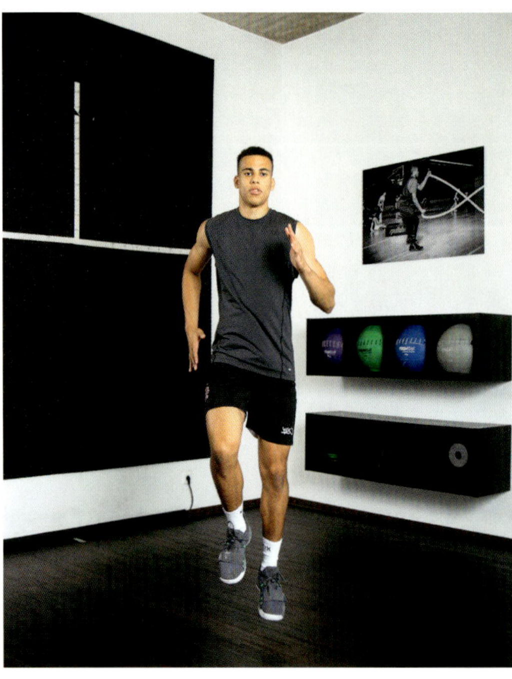

Dieses läuferische, koordinative Bewegen soll nun die verbesserte Beweglichkeit in schnellere Laufbewegungen übertragen. Dauer: maximal fünf Minuten.

Aktivierung

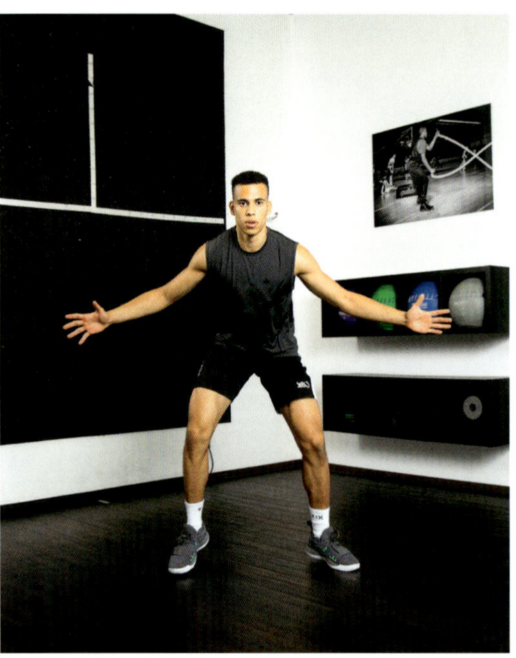

Sehr schnelle, reaktive Bewegungen sollen dem Warm-up den Feinschliff geben. Hiernach sollte der Sportler für ein Basketball- oder Athletiktraining 100 Prozent ready sein! Dauer: maximal drei Minuten.

5.6 SPRUNGKRAFTTRAINING – THE BOUNCE CODE

Die Verbesserung der Sprungkraft ist für einen Basketballer wahrscheinlich der wichtigste Teil im Athletiktraining. Daher wird ihm ein eigenes Kapitel gewidmet. Letztendlich sind es bestimmte Komponenten des regulären Krafttrainings, die die Sprungkraft trainieren.

Der Schlüssel zur Steigerung der Sprungkraft liegt darin, viel Kraft in wenig Zeit zu erzeugen. Das heißt, viel Kraft exzentrisch und isometrisch zu absorbieren und schnell viel Kraft konzentrisch erzeugen. Dafür sollte jede dieser drei nachfolgend erläuterten Qualitäten trainiert werden.

Drei Kraftqualitäten

Exzentrik – „... loading ...“

Jede dynamische Bewegung beginnt mit einer exzentrischen Muskelbewegung. Der Muskel lädt sich quasi auf, bevor er den Athleten über „Ring-Niveau“ katapultiert! Dies geschieht mittels des „Dehnungsreflexes“ sowie des „Dehnungs-Verkürzungs-Zyklus“. Dank dieser zwei Mechanismen kann ein Muskel in der exzentrischen Phase Kraft speichern, welche er im weiteren Verlauf der Bewegung wieder abgibt. Je schneller der Athlet exzentrisch Kraft absorbieren kann, desto höher ist der Sprung. Um die Exzentrik fokussiert zu trainieren, werden die Übungen im Tempo 6-0-1 oder 8-0-1 Sekunden ausgeführt.

Isometrie – „Der harte Stopp“

Je härter der Stopp, desto explosiver die Aktion. Stell dir vor, du dribbelst zwei Basketbälle. Einen auf Sand, einen auf Beton. Welcher springt höher?

Richtig: Der mit dem härteren Stopp auf dem Beton!

Wer schnell den exzentrischen Stretch stoppen kann, hat einen besseren Dehnungsreflex und einen Vorteil im Dehnungs-Verkürzungs-Zyklus. Wenn Muskeln aus einer exzentrischen eine konzentrische Bewegung machen wollen, muss möglichst viel Muskelmasse aktiviert werden, um diesen harten Stopp zu erreichen. Das geht über zwei Wege.

1. Motor Unit Recruitment

   Je mehr Muskelzellen aktiviert werden können, desto höher der Sprung.

2. Rate Coding

Je mehr Signale der Muskel bekommt, desto mehr Kraft produziert er. Im Normalfall nutzen wir nie unser komplettes Kraftpotential. Das Hormon Adrenalin ist der X-Faktor. Je höher der Hype, desto höher der Sprung.

Konzentrik – „Die Synchronisation der Exzentrik und Isometrie"

Der Popstar eines Sprunges ist die konzentrische Phase. Hier wird die Ernte aus Dehnungsreflex und Dehnungs-Verkürzungs-Zyklus eingefahren. Die konzentrische Phase ist dabei als Fähigkeit zu sehen. Wichtig sind unterschiedliche Übungs- oder Sprungvariationen sowie eine schnelle Ausführung.

Zwei Kraftkomponenten

Die Fähigkeit, hoch springen zu können, ist in erster Linie auf eine gute Schnellkraft zurückzuführen. Schnellkraft steht für Leistung, welche sich aus Kraft mal Geschwindigkeit errechnen lässt. Also einfach gesagt: Je mehr Kraft oder Geschwindigkeit aufgebracht wird, desto höher ist der Sprung. Der Zusammenhang von Kraft und Zeit oder Geschwindigkeit kann gut an einer Kraftkurve erklärt werden. Eine Kraftkurve erhält man, wenn ein Sprung auf einer Kraftmessplatte ausgeführt wird. Anhand dieser Kurve können dann die Komponenten Startkraft und Explosivkraft bewertet werden.

Startkraft

Sie beschreibt die Fähigkeit, in der Anfangsphase der Muskelkontraktion einen hohen Kraftanstieg zu erreichen. Also je steiler der Kurvenanstieg, desto besser ist die Startkraft. Am besten wird die Startkraft durch Sprungvariationen oder Übungen mit dem Medizinball trainiert. Es sollte mit relativ leichten Gewichten (ca. 5 kg) gearbeitet werden.

Explosivkraft

Die Explosivkraft definiert die größte Kraftzunahme pro Zeiteinheit während eines Kraft-Zeit-Verlaufs. Mit zunehmender Last steigt der Einfluss der Explosivkraft.

Übungen aus dem Olympischen Gewichtheben eignen sich hier hervorragend. Mit Resistance Bands lässt sich – speziell auf das Basketball zugeschnitten – die Explosivkraft sehr gut trainieren.

Maximalkraft

Die Maximalkraft ist die größtmögliche Kraft, die willkürlich gegen einen Widerstand ausgeübt werden kann. In Bezug auf einen Sprung ist dieser Widerstand das eigene Körpergewicht. Eine entscheidende Einflussgröße für eine ausgeprägte Maximalkraft ist die Muskelmasse. Also gehört auch ein Hypertrophietraining in ein Sprungkrafttraining. Wird die Schulung der Bewegungstechnik jedoch vernachlässigt, wird es zu hohen Transferverlusten der erworbenen Kraftfähigkeiten kommen. Also sollten Hypertrophie- und Maximalkrafttraining mit Sprüngen kombiniert werden.

Plyometrics/Reaktivkrafttraining

In der exzentrischen Bewegungsphase wird der Muskel gedehnt und nimmt Energie auf, welche er in der konzentrischen Phase wieder abgibt. Als Plyometrics bezeichnet man Übungen, die sich den Dehnungs-Verkürzungs-Zyklus zunutze machen. Plyometrics sollten schnell ausgeführt werden. Eine saubere Ausführung ist essentiell. Wenige Wiederholungen und genug Pause zwischen den Sätzen sind wichtig, damit die Qualität der Sprünge gleichbleibt. Zu achten ist auf eine sinnvolle Progression, also vom Leichten zum Schweren.

Die Basics

Elastizität/Stiffness

Der Begriff Elastizität ist eher als Härte und weniger als gummiartig zu verstehen. Zum Beispiel hat ein Golfball eine wesentlich größere Elastizität als ein Tennisball und fliegt daher auch weiter, wenn er geschlagen wird. Der Begriff Stiffness steht stellvertretend für Härte. Ein stiffer oder harter Muskel-Sehnenapparat entwickelt bei Dehnung eine hohe Spannkraft, welche er direkt wieder freigeben kann.

Core Strength

Core Strength ist die Fähigkeit der Rumpfmuskulatur, Kraft zu kreieren und zu speichern. Core Stability ist die Fähigkeit des Rumpfes, eine bestimmte Körperhaltung während der Bewegung zu wahren. Dies spielt bei der Kraftübertragung eines Sprunges eine große Rolle. Nur mit einem stabilen Rumpf kann z. B. der Armschwung optimal genutzt werden. Der Rumpf sollte also in sprungähnlichen Situationen trainiert werden.

Biomechanik

Hast du dir schon einmal die Beine der besten Springer angesehen? Meist sind sie nicht wirklich muskelbepackt. Vielmehr nutzen die besten Springer eine ausgefeilte Technik, um sich der physikalischen Gesetze zu bedienen.

Gute Bremsen

Weshalb wird beim Weitsprung in der Leichtathletik ein gerader Anlauf und beim Hochsprung ein eher seitlicher Anlauf gewählt?

Ein Hochsprung ist im Prinzip wie ein Richtungswechsel von geradeaus nach oben. Um die Power aus dem Anlauf möglichst gut zu nutzen, muss sie gut umgeleitet werden. Da die Sprung- und Kniegelenke einem Scharniergelenk gleichen, macht es Sinn, dieses zu blockieren, um leichter abbremsen zu können. Dies erreicht man durch einen seitlichen Absprung.

Der vorletzte Schritt

Der vorletzte Schritt (penultimate step) sollte sehr groß sein. Der Athlet sollte quasi in den beidbeinigen Absprung hineinspringen. Die Arme sollten soweit wie möglich nach hinten gestreckt sein (wenn kein Ball in der Hand ist, also beim Alley-Oop). Außerdem sollten die letzten Schritte sehr schnell sein.

Einbeinsprung

Bei einem einbeinigen Absprung sollte der Ball mit beiden Händen hinter die Hüfte des Sprungbeines geschwungen werden, um einen extra Impuls für den Sprung zu bekommen.

Übungen

French Contrast – the Bounce Code Modification

Alle für die Sprungkraft relevanten Komponenten und Qualitäten sollten trainiert werden. Eine gute Methode ist eine Serie von vier Übungen, welche ohne Pause hintereinander durchgeführt wird. Dieser Aufbau kommt der French Contrast Methode sehr nahe (siehe Krafttraining).

Die erste Übung soll eine Langhantelübung sein, wie z. B. Squats. Hier werden die Belastungsparameter im Sinne eines Maximalkrafttrainings gewählt. Das Besondere jedoch ist, dass in regelmäßigen Abständen (ca. drei Wochen) der Fokus auf die Komponenten Isometrie, Exzentrik und Konzentrik geändert wird. Das bedeutet, dass z. B für vier Sekunden in der tiefen Position beim Squat gehalten werden muss, um die Isometrie in den Fokus zu ziehen.

Die zweite Übung ist eine Schnellkraftübung mit leichtem Zusatzgewicht. Das können z. B. Squat Jumps mit einem fünf Kilogramm schweren Medizinball sein.

Die dritte Übung ist eine durch ein Gummiband beschleunigte Sprungübung. So wird dem Bewegungsapparat gezeigt, wie eine schnelle Kontraktion erfolgen soll.

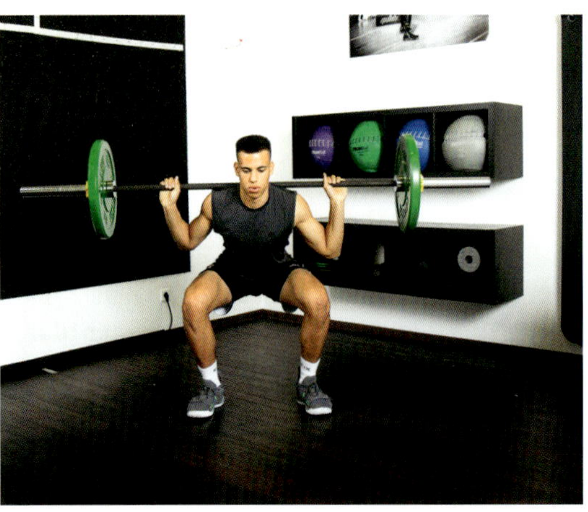

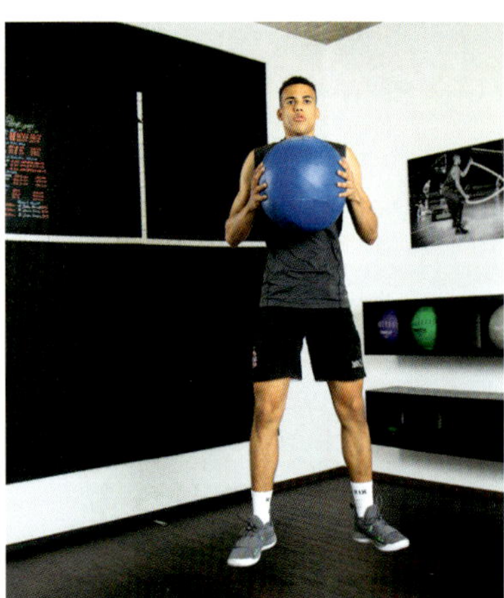

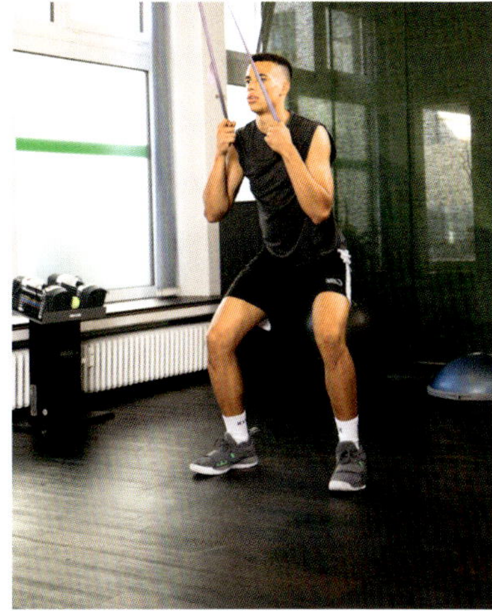

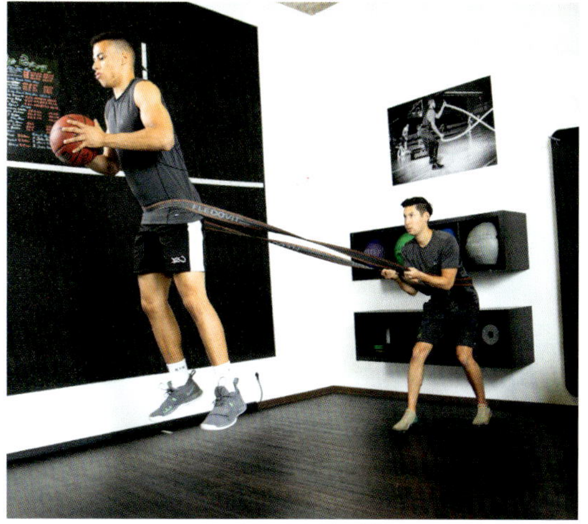

Die vierte Übung ist eine Korbaktion gegen den Widerstand eines Gummibandes. Die vorher geübten Bewegungen werden so in einer aggressiven Aktion zum Korb zusammengesetzt.

French Contrast – the Bounce Code Modification

Übungen	4
Wiederholungen	4 evtl. 4 pro Seite
Sätze	4
Rhythmus	unterschiedlich
Satzpause	120 Sek.

Training mit Ketten oder Bändern

Mit Hilfe des Dehnungs-Verkürzungs-Zyklus kann die Muskulatur in der exzentrischen Phase Energie aufnehmen, welche in der konzentrischen Phase wieder abgegeben wird. Zusätzliche Ketten oder Gummibänder um die Langhantel triggern den Dehnungs-Verkürzungs-Zyklus. Dies geschieht, da das Gewicht in der exzentrischen Phase abnimmt. Der zusätzliche Wiederstand durch Ketten und Bänder sollte 20 Prozent des Hantelgewichtes nicht überschreiten. Wenn also 100 Kilogramm gestemmt werden sollen, wird die Hantel mit 80 kg Gewichtsplatten sowie zwei Ketten à 10 kg beladen.

Training mit Ketten und Bändern

Übungen	4
Wiederholungen	4 evtl. 4 pro Seite
Sätze	4
Rhythmus	unterschiedlich
Satzpause	120 Sek.

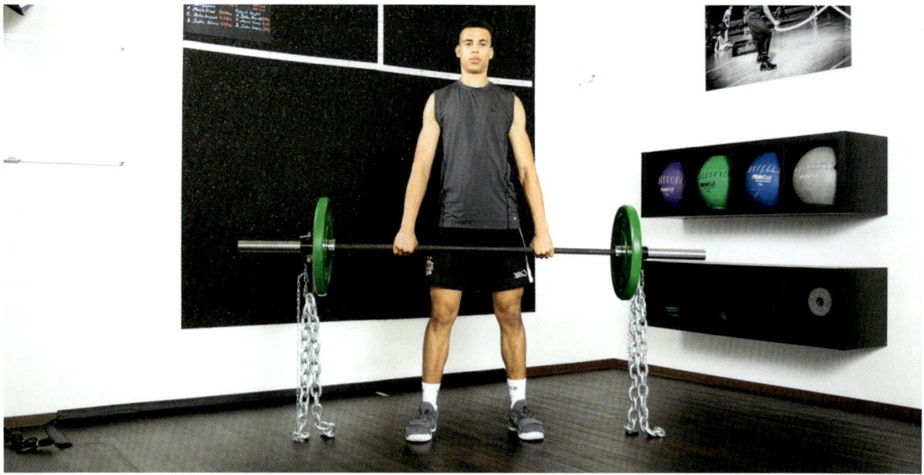

Velocity-Based-Training

Langsam springen funktioniert nicht. Ein hoher Sprung muss immer mit maximaler Geschwindigkeit ausgeführt werden. Verschiedene Geräte können die Beschleunigungsgeschwindigkeit während der Übung live wiedergeben. Ein solches Gerät kann eine zusätzliche Motivation für eine schnelle Ausführung sein. Das Gewicht sollte bei 60-70 Prozent des maximalen Gewichtes liegen.

Velocity-Based-Training

Übungen	4
Wiederholungen	4 evtl. 4 pro Seite
Sätze	4
Rhythmus	unterschiedlich
Satzpause	120 Sek.

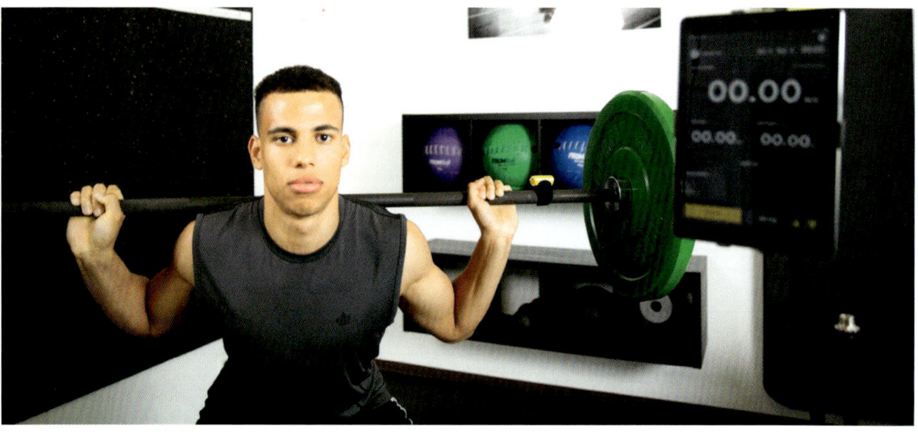

Plyometrics/Reaktivkraft

Eine gute Möglichkeit, die Reaktivkraft zu trainieren, sind Sprungvariationen über Hürden. Wichtig ist ein kurzer Kontakt auf dem Boden.

Das wöchentliche Pensum sollte sich auf 50 (niedrige Dosierung) bis 400 Kontakte (hohe Dosierung) einpendeln. Plyometrics sollten bis zu dreimal pro Woche trainiert werden. Achtung: hohe Belastung auf den Bewegungsapparat.

Plyometrics/Reaktivkraft

Übungen	4
Wiederholungen	4 evtl. 4 pro Seite
Sätze	4
Rhythmus	unterschiedlich
Satzpause	120 Sek.

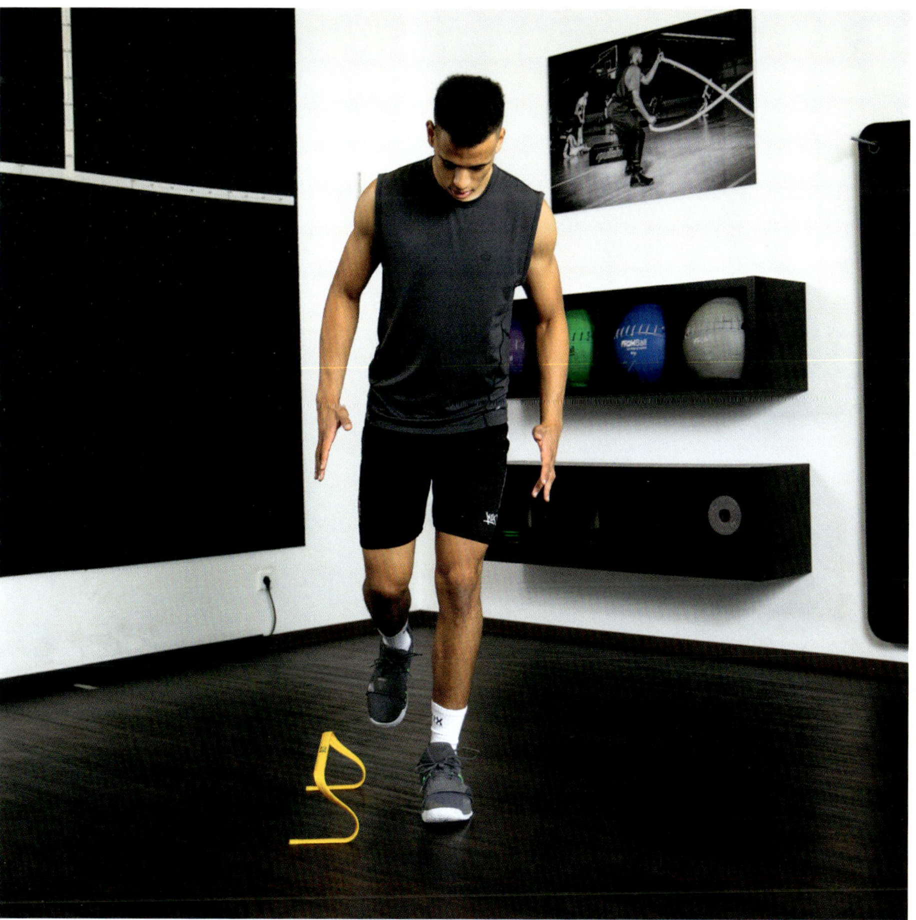

5.7 ANTRITT / RICHTUNGSWECHSEL (MULTIDIREKTIONALE SCHNELLIGKEIT)

Der Antritt oder der erste Schritt ist besonders im eins-gegen-eins eine enorm wichtige Qualität. Mit einem schnellen ersten Schritt ist es möglich, am Verteidiger vorbeizuziehen, so, als ob dieser angewurzelt zu sein scheint.

Schnelle Richtungswechsel sind in der Verteidigung wie im Angriff eine wichtige Fähigkeit eines Basketballers. Die gute Nachricht für Schnelligkeit in verschiedene Richtungen: Sie steht sehr stark mit der vertikalen Sprungkraft in Verbindung. Das bedeutet, „The Bounce Code" macht den Sportler nicht nur sprunggewaltiger, sondern verleiht ihm auch die Fähigkeit, schnell die Richtung zu wechseln sowie schnell anzutreten. Weiterhin sind die Körperposition, das Abbremsen von Bewegung sowie die Reaktion von entscheidender Funktion.

Körperposition

Ein wichtiger Faktor für multidirektionale Schnelligkeit ist die Rumpfstabilität. Diese sollte in bewegungsspezifischen Ausgangspositionen trainiert werden:

- Base Position
- Wall Drills

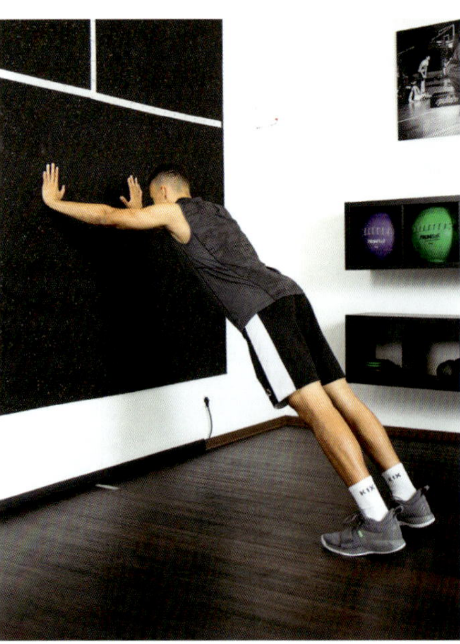

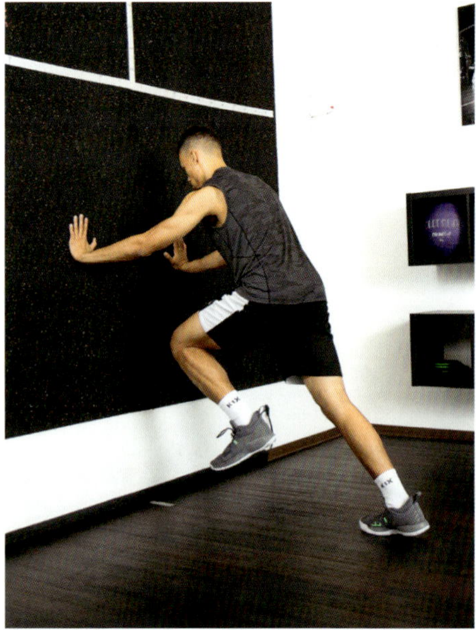

Abbremsen

Das Abbremsen von Bewegung ist der Grundstein zur Kraftentfaltung. Hervorragende Übungen hierzu sind:

- Lateral Hurdle to stick
- Drop Jumps

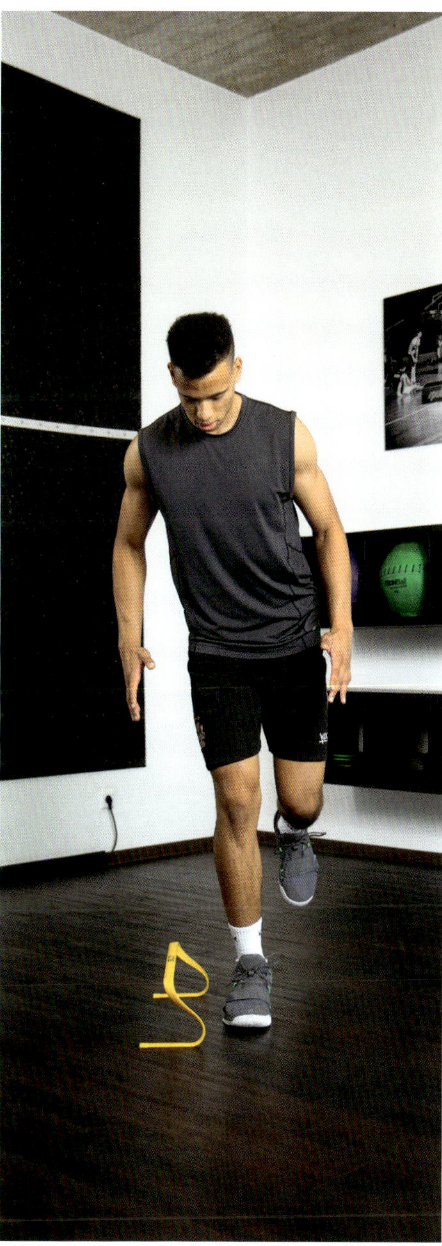

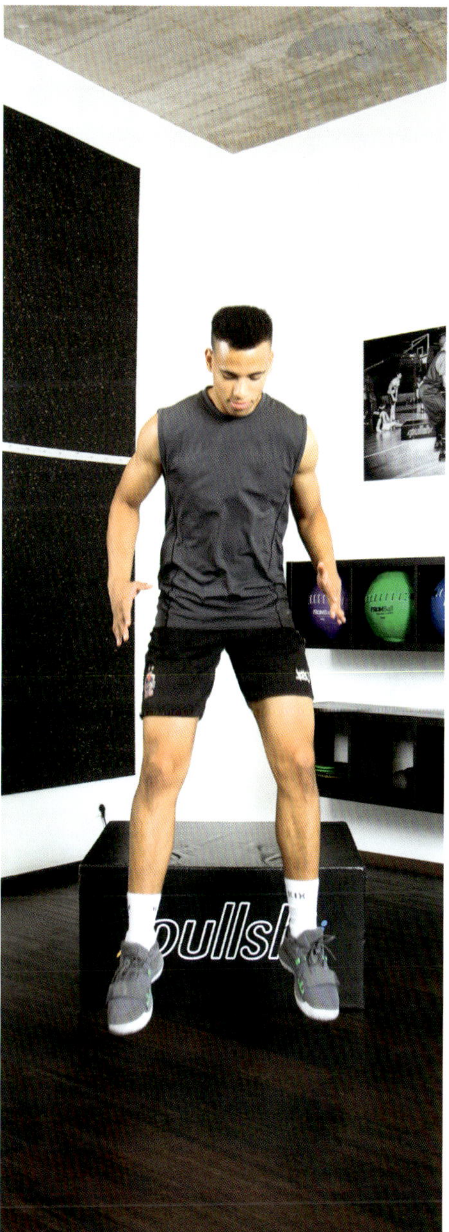

Reaktion – „Slow feet get you beat!"

Die Reaktion kann visuell, auditiv und taktil trainiert werden.

Visuell

- Tennisballdrops
- Fitlights

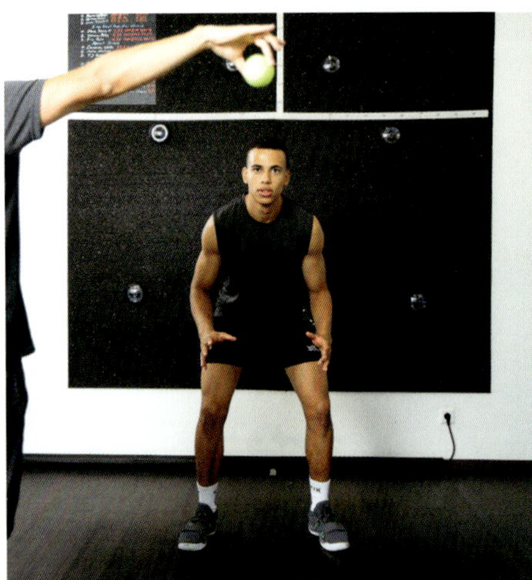

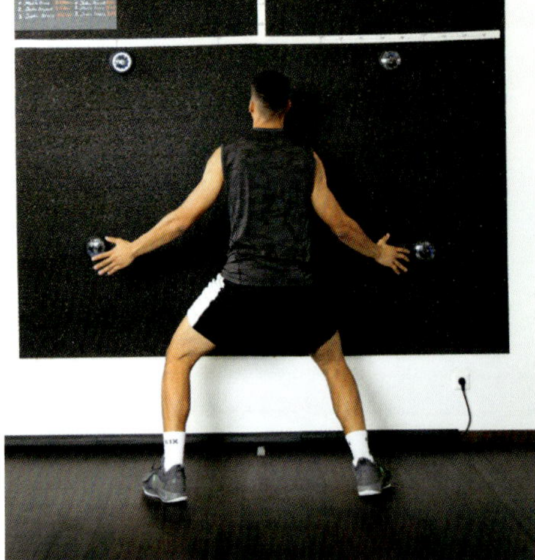

Auditiv

- Cut auf Kommando

Taktil

- Cut auf Schulterklopfen

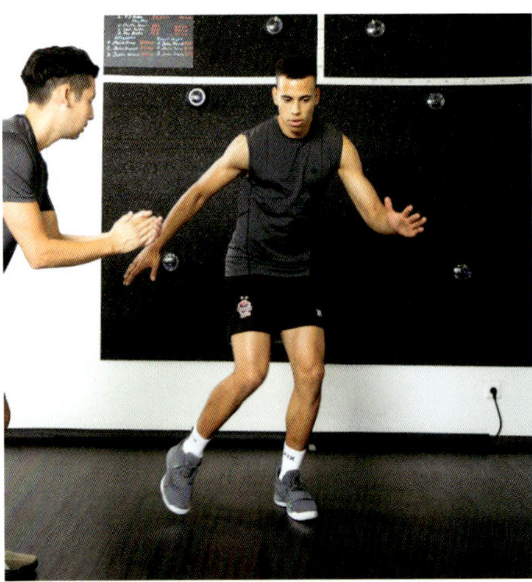

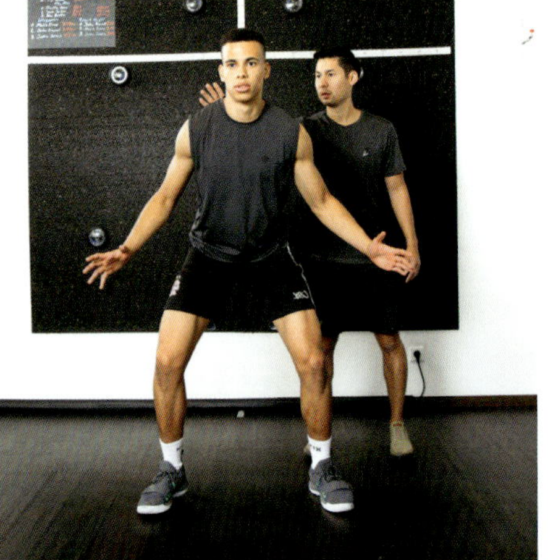

5

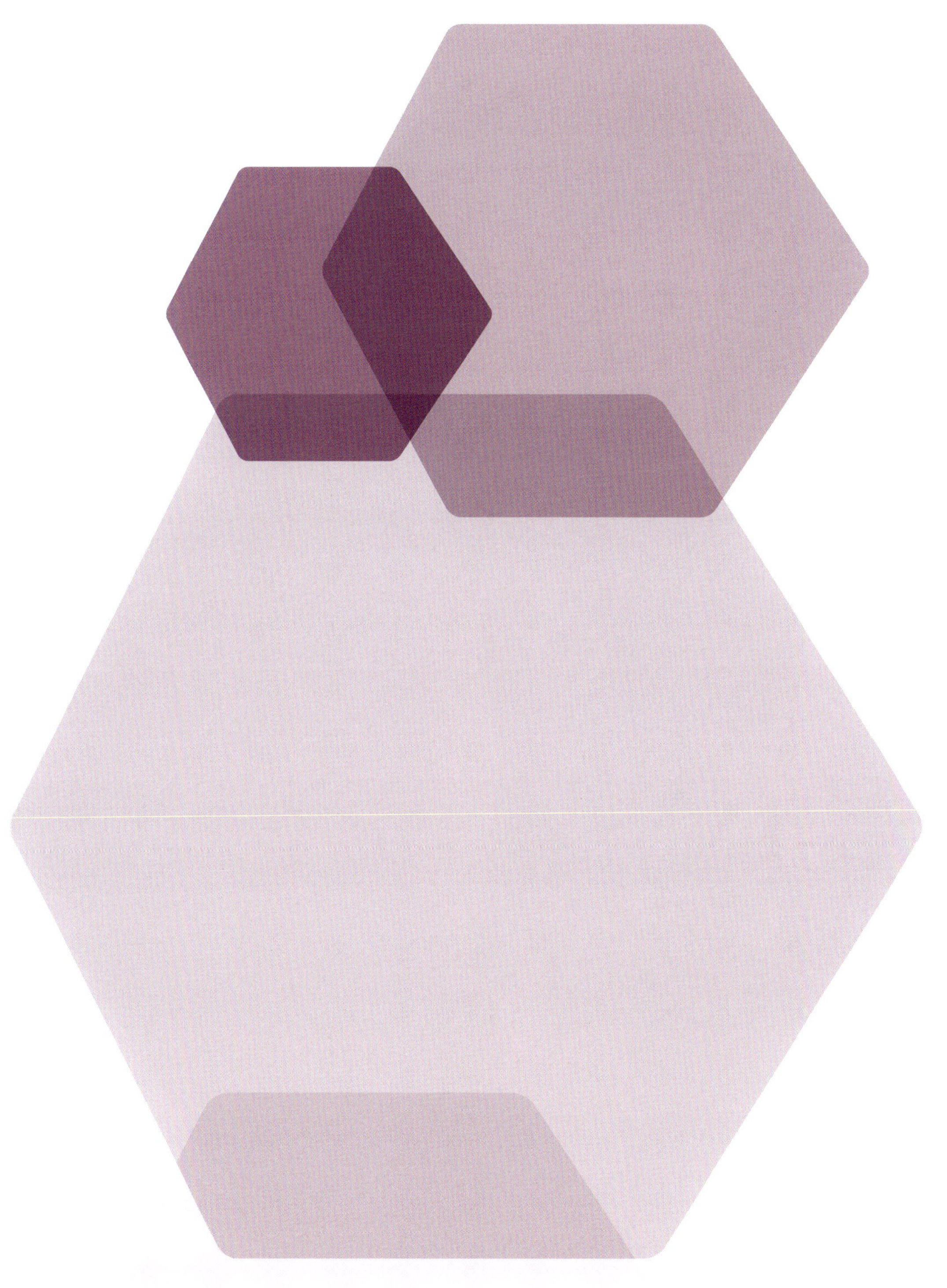

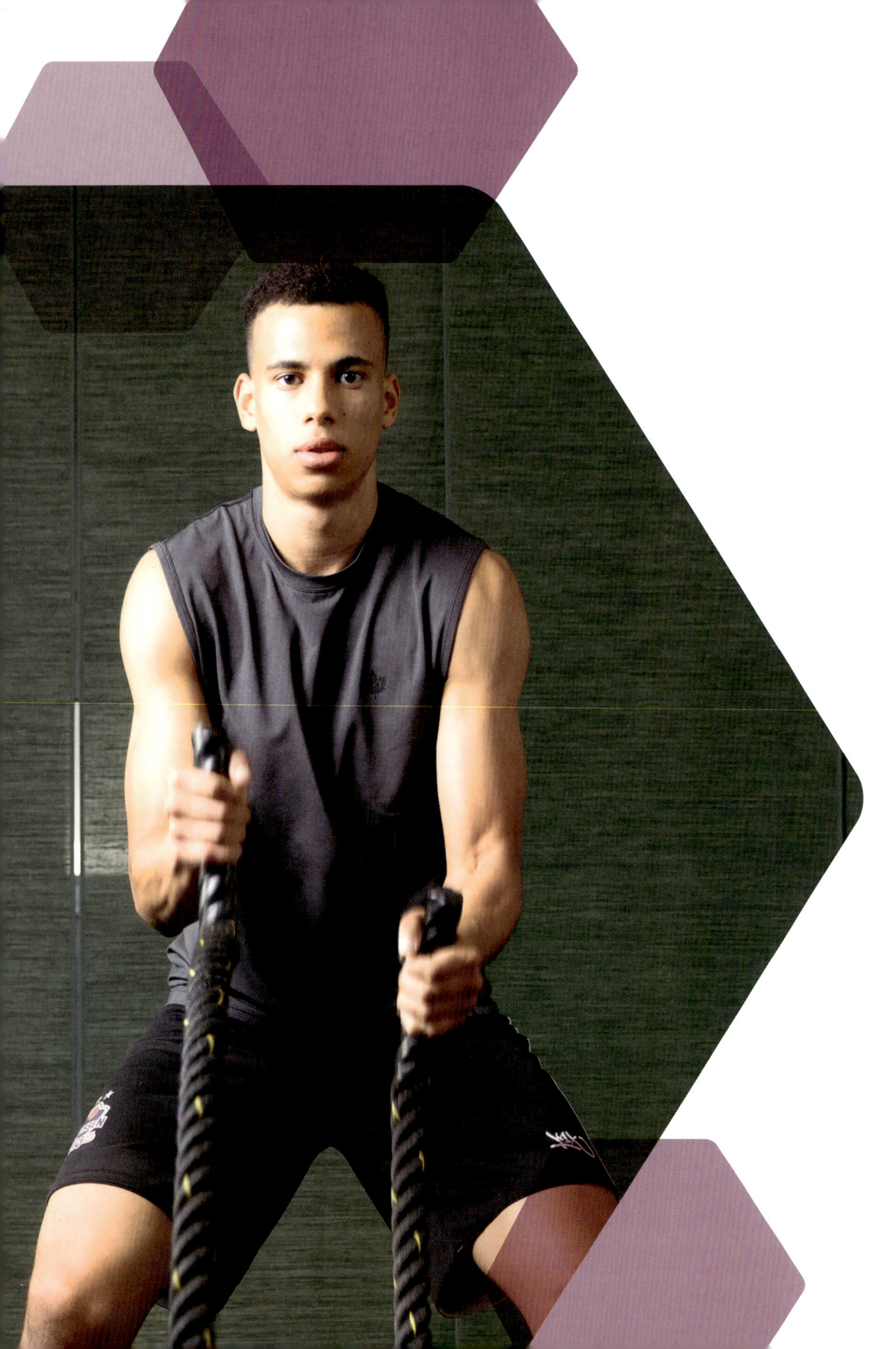

Ausdauertraining – die perfekte Kombination aus Motor und Tank

Schnelle Richtungswechsel, Antritt, Sprünge, Aushalten von Körperkontakt – ein Basketballer benötigt Power auf dem Spielfeld. Und das am besten vom Sprungball bis zur Crunchtime. So sollte neben den genannten athletischen Fertigkeiten auch das Training der Ausdauer einen zentralen Faktor einnehmen. Simple Ausdauerläufe oder Jogging für einige Kilometer sind jedoch weniger zu empfehlen. Denn jeder Körper passt sich auf Dauer der Belastung an, der er häufig ausgesetzt wird.

Schließe die Augen und stelle dir den athletischsten Basketballer vor, den die Welt je gesehen hat. Der Gedanke an LeBron James, Zion Williamson oder Russell Westbrook kommt diesem Idealbild wahrscheinlich ziemlich nahe.

Und nun stelle dir einen Fünf- oder Zehn-Kilometer Läufer vor.

Durch diese Vorstellung sollte jedem ambitionierten Basketballer klar werden, dass Ausdauerläufe auf Dauer nicht zum Ziel führen. Welche Trainingsmethoden sich zur Verbesserung der basketballspezifischen Ausdauer eignen, und auf welcher theoretischen Grundlage diese basieren, wird im Folgenden beschrieben.

Damit sich ein Muskel kontrahieren kann, braucht er Energie. Die Bereitstellung dieser Energie kann durch drei unterschiedliche Mechanismen geschehen:

1. **Aerobe Energiebereitstellung**
   - Die Energie wird unter Sauerstoffverbrauch freigesetzt.
2. **Anaerob-alaktazide Energiebereitstellung**
   - Die Bereitstellung der Energie verläuft ohne Zuhilfenahme von Sauerstoff und ohne (nennenswerte) Laktatproduktion.
3. **Anaerob-laktazide Energiebereitstellung**
   - Die Bereitstellung der Energie verläuft auch ohne Zuhilfenahme von Sauerstoff, ist jedoch mit einer Laktatproduktion verbunden.

In Bezug auf die Art der Energiebereitstellung kann man sich einen Athleten als Auto vorstellen. Die Power oder Leistung erzeugt der Motor (Bewegungsapparat, Muskeln usw.). Ein Motor läuft jedoch nur mit Benzin, der über einen Zapfhahn aus dem Tank (HKL-System) fließt. Je nach Anforderung kann der Zapfhahn dies aerob, anaerob-laktazid oder anaerob-alaktazid machen.

Bereitstellung der Energie

Das **aerobe Energiesystem** (kleiner Zapfhahn) nutzt alle Körperfette und Kohlenhydrate. Damit kann der Motor lange fahren, erreicht jedoch keine hohe Geschwindigkeit.
Das **anaerob-laktazide Energiesystem** (mittelgroßer Zapfhahn) nutzt Kohlenhydrate in Blut, Leber und Muskulatur. Es bringt mehr Geschwindigkeit, jedoch auf Kosten der Zeit, in der diese Leistung erbracht werden kann. Nach ein bis zwei Minuten ist die Fahrt zu Ende, da der Motor aufgrund des anfallenden Laktates übersäuert.
Das **anaerob-alaktazide Energiesystem** (großer Zapfhahn) nutzt Kreatinphosphat. Dieser Zapfhahn lässt den Motor mit der höchsten Leistung fahren. Jedoch ist hier schon nach ungefähr acht Sekunden die Fahrt zu Ende.

Eine gute Ausdauer ist also die perfekte Kombination aus einem leistungsstarken Motor und einem gut funktionierenden Tank (Energieeffizienz).

Ein Basketballspiel ist gekennzeichnet durch kurze, intensive Intervalle, gefolgt von kurzen Pausen. Intensive Aktionen über ein bis zwei Minuten kommen eher nicht vor. Daher wird das anaerob-laktazide System eher weniger benötigt.

Der Fokus sollte also auf der Entwicklung des aeroben sowie des anaerob-alaktaziden Systems liegen. In der Praxis heißt das, möglichst viel Power in Zeitintervallen von bis zu acht Sekunden zu generieren, und dies so oft in Folge wie möglich. Ein Basketballer sollte sich auf vier verschiedene Komponenten des Ausdauertrainings konzentrieren, welche im Folgenden beschrieben werden [21].

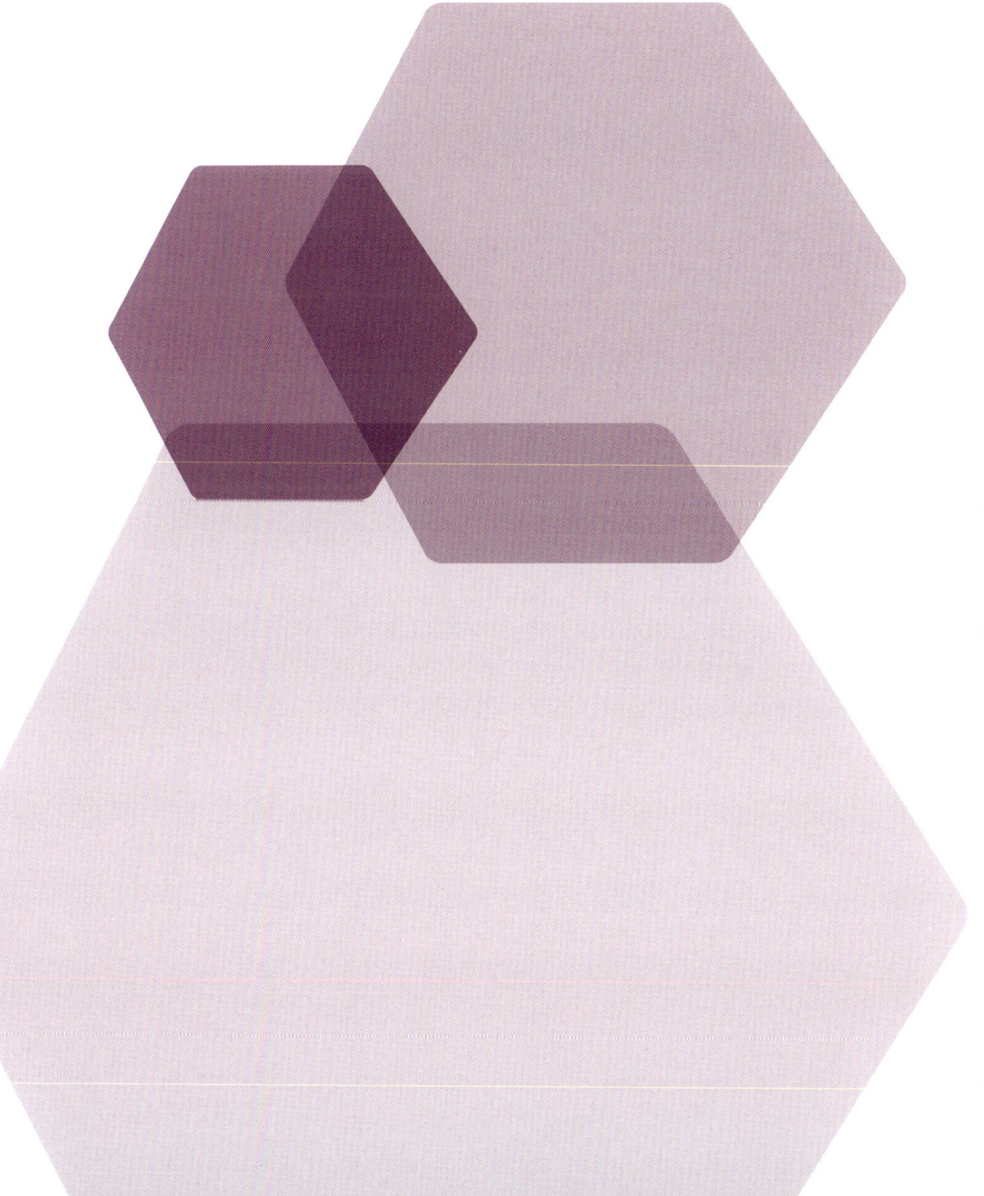

6.1 AEROBE KAPAZITÄT

Die aerobe Kapazität gibt das maximal mögliche Aufnahmevermögen von Sauerstoff pro Zeiteinheit an. Die aerobe Kapazität kann als absoluter oder als relativer Wert angegeben werden:

Aerobe Kapazität (relativer Wert) = max. O2-Aufnahme in ml pro kg Körpergewicht/Min.

Vereinfacht beschrieben verfügt man mit der aeroben Kapazität über die Fähigkeit, das Maximum an Leistung auf das Feld zu bringen, ohne auf die schnell ermüdenden Energiesysteme zurückgreifen zu müssen.

Übungen

Im Vergleich zu den Dauermethoden zeichnen sich Intervallmethoden dadurch aus, dass der Trainingsablauf durch Pausen unterbrochen wird. Diese werden im Intervalltraining derart gewählt, dass sie nicht zur vollständigen Erholung führen. Die Pausenlänge ist vielmehr so zu gestalten, dass die nächste Belastung dann folgt, wenn man sich eine gleiche Belastung gerade eben wieder zutraut. Man nennt solche Pausen lohnende Pausen, da der Körper zum genannten Zeitpunkt den wesentlichen Anteil der Erholung nach der vorangegangenen Belastung geschafft hat. Die Länge der lohnenden Pause kann über die Herzfrequenz gesteuert werden. Es ist jedoch nicht möglich, einen für alle Personen gültigen universellen Herzfrequenzwert anzugeben, der das Ende der lohnenden Pause anzeigt, da das Herzfrequenzverhalten individuell abhängig ist vom Trainingszustand, von der Veranlagung und vom Alter.

Das Ziel dieser Trainingsmethode ist es, die Pausen so kurz wie möglich zu gestalten, um dann wiederum die gleiche Leistung wie im vorangegangenen Intervall zu erbringen.

Intervallläufe auf Basis von IFT 30-15

Die erlaufene Stufe des IFT 30-15 (siehe Kapitel Tests und Ausdauer) markiert die Topgeschwindigkeit während des Testes (V-IFT). Diese Information dient nun dem Errechnen der individuellen Intervalle:

1. Die Geschwindigkeit (V-IFT) wird in gelaufene Meter pro Sekunde (m/s) umgerechnet.
   Beispiel: V-IFT = 20 km/h / 3,6 = 5,6 m/s
2. Die Geschwindigkeit (V-IFT) wird auf 100 % und 80 % gerechnet.
   Beispiel: 100 % des V-IFT = 5,6 m/s; 80 % des V-IFT liegen bei 4,5 m/s
3. Die Strecke für 15 Sekunden wird für 100 % und 80 % V-IFT berechnet.
   Beispiel: 5,6 m/s x 15 = 84 m; der Athlet muss also bei 100 % genau 84 Meter in 15 Sekunden schaffen. Bei 80 % wären es 68 Meter.

Aerobe Kapazität – IFT 30-15 Intervallläufe auf Bahn oder Fußballplatz

Wiederholungen	8
Sätze	2-4
Rhythmus	15 Sek. laufen, 15 Sek. Pause für 84 m oder 68 m
Satzpause	3 Min.

Die Intervallläufe lassen sich natürlich auch auf dem Basketballfeld durchführen. Durch die notwendigen Richtungswechsel sollten jedoch etwa zehn Meter der zu laufenden Strecke abgezogen werden, um die gewünschten Ergebnisse zu bekommen.

15/15 Sek. @ 80 Prozent V-IFT

Laufe Baseline/Baseline (46 m), nahe Freiwurflinie/Baseline (11,6 m) = Total 57,6 m, anstatt der 68 m auf dem Fußballfeld.

15/15 Sek. @100 Prozent V-IFT

Baseline/Baseline (46 m), Mittellinie/Baseline (28 m) = Total 74 m statt 84 m auf dem Fußballfeld.

Aerobe Kapazität – IFT 30-15 Intervallläufe auf dem Basketballfeld

Wiederholungen	8
Sätze	2-4
Rhythmus	15 Sek. laufen, 15 Sek. Pause für Baseline-Baseline-Mittellinie-Baseline (100 %) oder Baseline-Baseline-Nahe Freiwurflinie-Baseline
Satzpause	3 Min.

6.2 NEUROMUSKULÄRE OPTIMIERUNG

Letztendlich ist jede Bewegung eine Art Ausdauertraining. Je schneller und länger diese Bewegung gemacht wird, desto stärker ist die Ausdauer bzw. das Herz-Kreislauf-System (HKS) gefordert. Das HKS interessiert sich jedoch nicht für die im Moment geforderte Art der Bewegung. Ob für 40 Minuten auf der Stelle rumgehampelt oder das entscheidende Playoff-Spiel absolviert wird, kann das HKS nicht erkennen. Es bekommt nur die Info: mehr Leistung oder weniger Leistung. Somit wäre das Ausdauertraining eigentlich relativ simpel: Versuche die gleiche Anstrengung wie in einem Basketballspiel zu simulieren! Dabei würden wir jedoch einen entscheidenden Faktor vernachlässigen, nämlich die neuromuskuläre Arbeit. Jede Bewegung ist ein Zusammenspiel aus ZNS und Bewegungsapparat. Daher sollten basketballspezifische

Bewegungen auch im Ausdauertraining erfolgen. So wird das neuromuskuläre System in perfekter Kombination zur Ausdauer trainiert.

Übungen

Tabata

Der japanische Sportwissenschaftler Izumi Tabata fand heraus, dass sämtliche Ausdauerparameter mit kurzen, sehr intensiven Intervallen auf dem Fahrradergometer genauso gut trainiert werden können, wie mit längeren Ausdauereinheiten. Aus diesen Gedanken leitet sich das Tabata, unser Zirkeltraining, ab. Wir nehmen drei bis sieben Übungen mit explosivem Charakter und trainieren im Zirkel für 10-15 Sekunden mit einer Pause von 20-30 Sekunden.

Zwei bis acht Übungen werden im Zirkel für 20-30 Sekunden pro Übung ausgeführt. Um die Station zu wechseln, bleibt eine Zeit von 10-30 Sekunden. Die Pausenzeit sollte länger als die Arbeitszeit sein. Es werden bis zu vier komplette Zirkel trainiert.

Neuromuskuläre Optimierung (Tabata)

Übungen	3-7
Wiederholungen	10-15 Sekunden Arbeit zu 20-30 Sekunden Pause
Sätze	1-2 pro Übung
Rhythmus	explosiv
Pause	5-10 Minuten nach einem kompletten Tabata

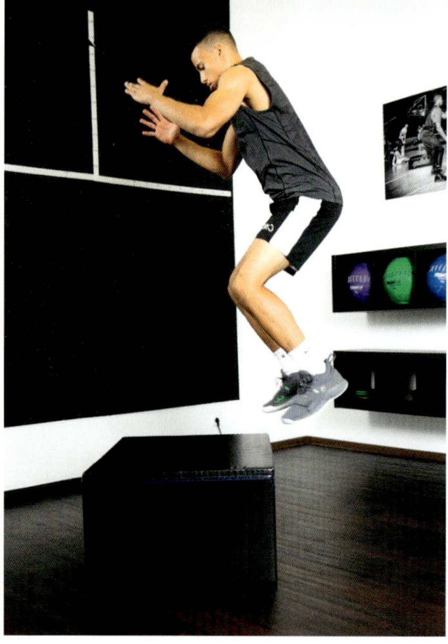

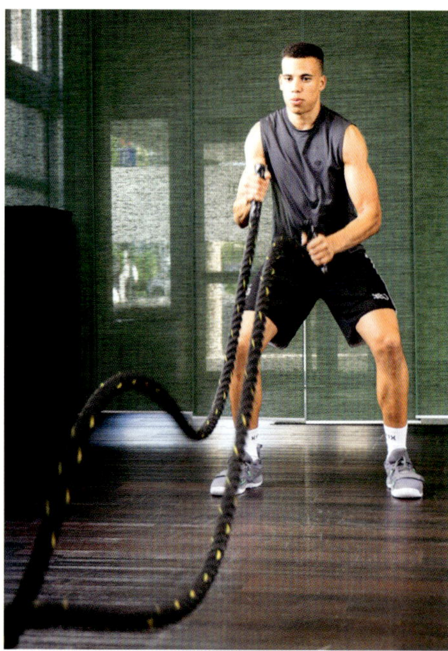

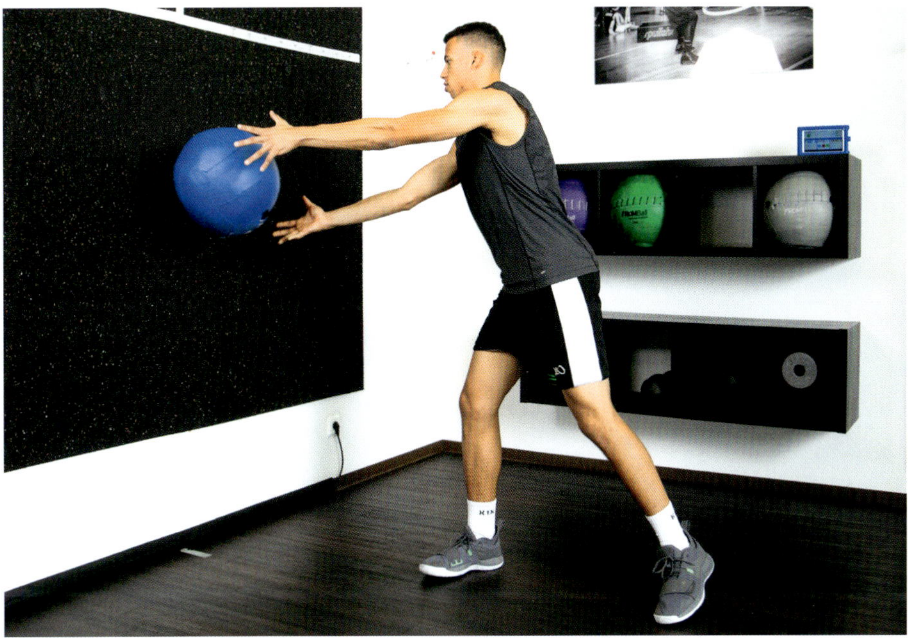

Läufe mit dem Medizinball

Läufe mit dem Medizinball sind eine hervorragende Methode, um Ausdauer basketballspezifisch zu trainieren. Kurze, intensive Kraftakte, wie Ausboxen, Rebounden oder der Körperkontakt beim Verteidigen, sind oft gefolgt von kurzen Sprints. Die Läufe mit dem Medizinball simulieren dies hervorragend. Nach einem Sprint von Baseline zu Baseline wird eine von sechs Übungen ausgeführt:

Übung 1: Med Ball Rotational Throws

Übung 2: Med Ball Chest Pass

Übung 3: Med Ball Over Head Toss auf den Boden

Übung 4: Med Ball Russian Twists

Übung 5: Med Ball Toe Touches

Übung 6: Med Ball Hits

Neuromuskuläre Optimierung (Läufe mit dem Medizinball)

Übungen	6 Übungen mit dem Medizinball + 1 Sprint
Wiederholungen	10 x Medizinball + 1 Sprint
Sätze	1-2
Rhythmus	explosiv
Pause	8-12 Min. nach einem kompletten Lauf

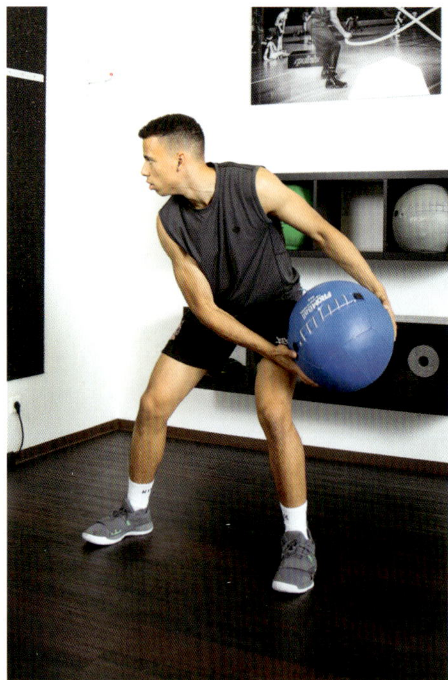

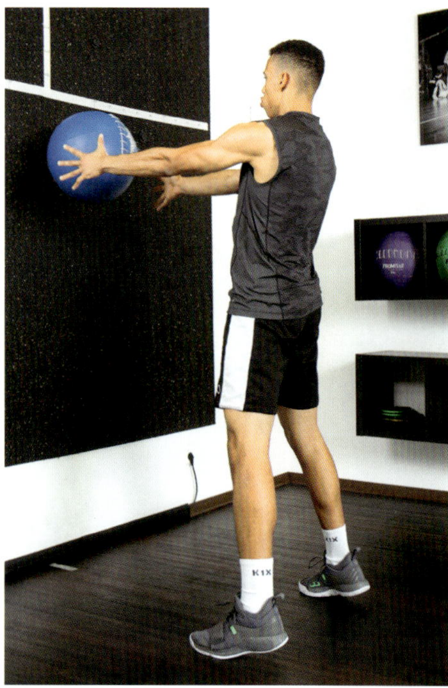

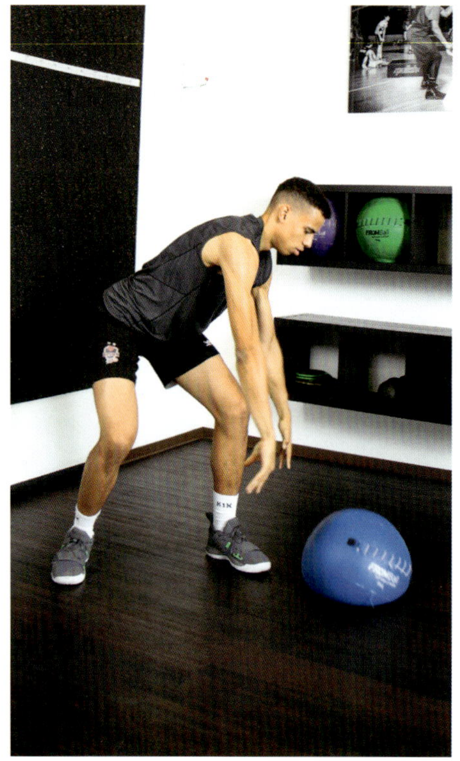

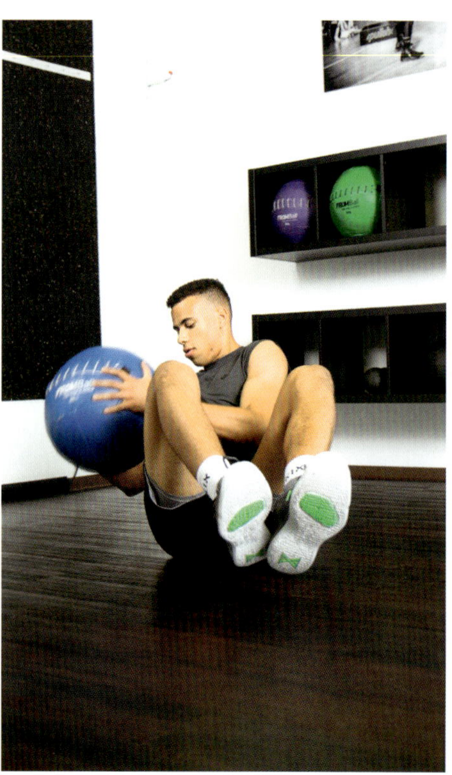

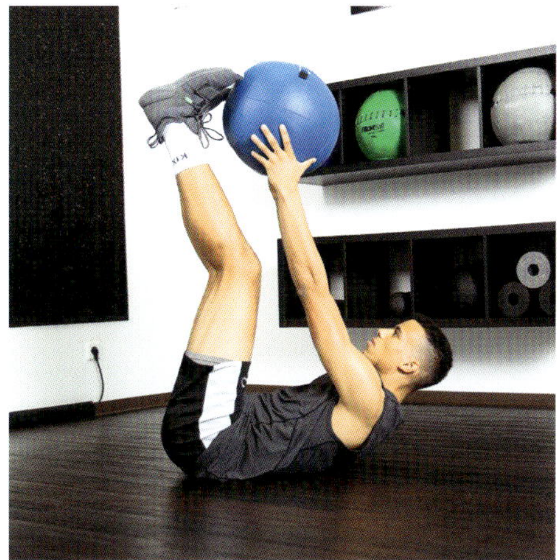

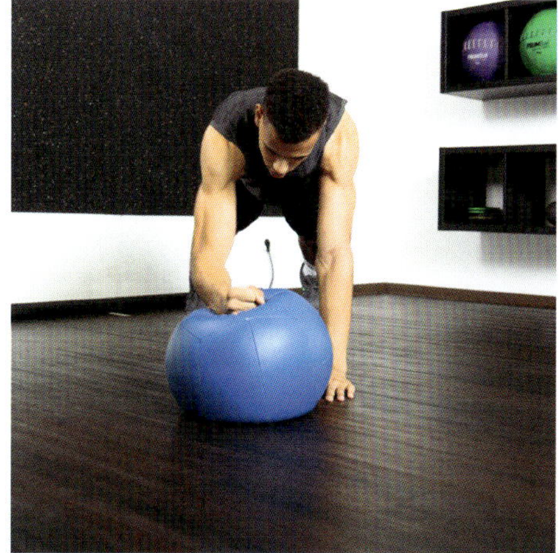

6.3 OPTIMALE ERHOLUNG NACH MAXIMALER AUSDAUERBELASTUNG

Wer seine Zeit auf dem Feld optimal nutzen will, sollte nach einer intensiven Ausdauerbelastung möglichst wenig Pause benötigen, um wieder Vollgas geben zu können. Um diese Pausen zu minimieren, nutzen wir die Herzfrequenz als Startsignal für den nächsten Lauf. Denn diese wird schneller fallen, wenn sich die Ausdauer verbessert.

Übung

S.M.A.R.T. Suicides

S.M.A.R.T. Suicides erklären sich recht einfach: Der Athlet läuft einen kompletten Linienlauf (Suicide). Dann wartet er, bis sich die Herzfrequenz auf 130 gesenkt hat. Im Anschluss wird wieder ein Suicide gelaufen. Der Lauf sollte immer so schnell wie möglich erfolgen. Innerhalb von sechs bis acht Minuten sollen so viele Läufe wie möglich absolviert werden.

Optimale Erholung nach maximaler Ausdauerbelastung – S.M.A.R.T. Suicides

Wiederholungen	6-8 Min.
Sätze	1-2
Rhythmus	Jeder Lauf so schnell wie möglich, dann warten, bis HF bei 130
Pause	6-8 Min.

6.4 STEHVERMÖGEN BEI MAXIMALER AUSSCHÖPFUNG VON KREATINPHOSPHAT

Kreatinphosphat ist ein Stoff, welcher im Körper zur Energieerzeugung genutzt werden kann. Da das als Energieträger dienende Kreatinphosphat nur in geringer Menge in den Muskelzellen vorhanden ist, kann dadurch jedoch nur für ca. 10-30 Sekunden Energie bereitgestellt werden.

Stehvermögen bei maximaler Ausschöpfung von Kreatinphosphat wird als die Fähigkeit betrachtet, Leistungen bis zu ca. 30 Sekunden mit Höchstintensität durchführen zu können. Ziel dieser Trainingsmethode ist das rasche Auffüllen der Kreatinphosphatspeicher nach sehr kurzen, intensiven Intervallen. Trainiert wird also die Widerstandsfähigkeit gegenüber muskulärer Ermüdung.

Übungen

Squat Jumps/Jump & Reach

Squat Jumps auf einer Kontaktmatte oder Jump & Reach an einer Wand eignen sich hervorragend, um die Leistung während der ganzen Übung zu überprüfen. Der Sportler springt für sechs bis zehn Sekunden jedes Mal so hoch er kann und pausiert danach für 21-25 Sekunden.

Stehvermögen bei maximaler Ausschöpfung von Kreatinphosphat (Squat Jumps, Jump & Reach)

Wiederholungen	8-10 bei 6-10 Sek. Arbeit und 21-25 Sek. Pause
Sätze	1-2
Rhythmus	explosiv
Satzpause	3-5 Min.

Bike Sprints

Bike Sprints eignen sich hervorragend, um auch während der Saison die Ausdauer zu trainieren und zusätzlich die Power in den Beinen zu behalten. Der Sportler setzt sich auf ein Spinning Bike und stellt einen Intervalltimer auf sechs Sekunden Arbeit und 21 Sekunden Pause. Nun tritt er für sechs Sekunden bei einem hohen Widerstand in die Pedale. Darauf fährt er für 21 Sekunden bei mittlerem Widerstand weiter. Dies wird bei ein bis zwei Sätzen achtmal wiederholt. Die Satzpause liegt bei 3-5 Minuten.

Stehvermögen bei maximaler Kreatinphosphatausschöpfung (Bike Sprints)

Wiederholungen	8-10 bei 6 Sek. treten gegen hohen Widerstand und 21 Sek. treten gegen mäßigen Widerstand
Sätze	1-2
Rhythmus	explosiv
Satzpause	3-5 Min.

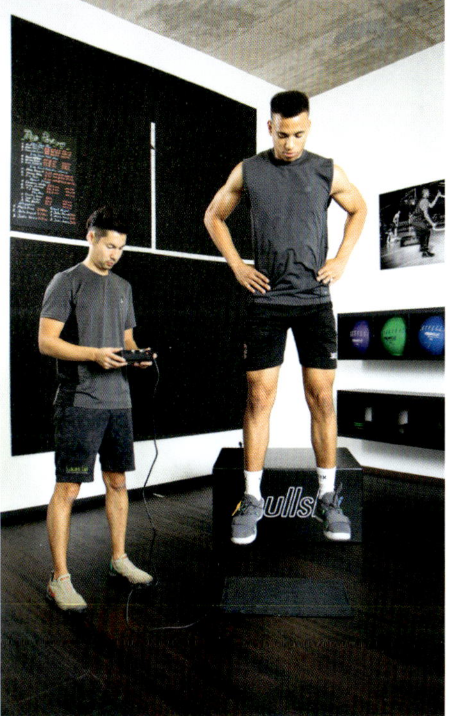

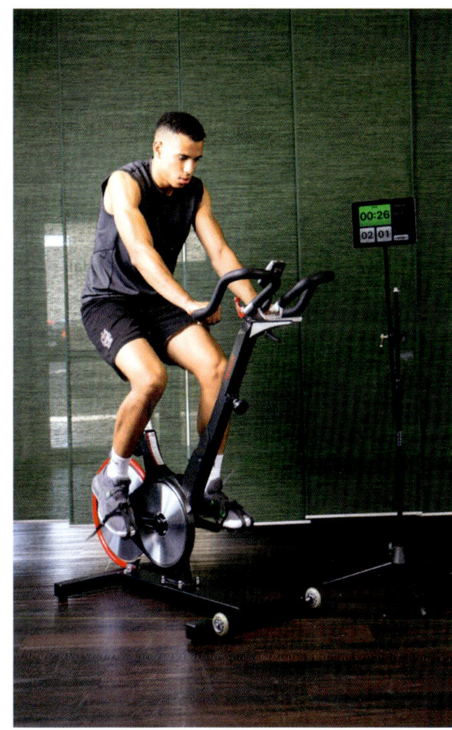

Power Moves

Power Moves sind explosive Korbaktionen gegen Wiederstand eines Gummibandes. Für acht bis zehn Sekunden werden möglichst kraftvolle Aktionen zum Korb durchgeführt. Darauf folgt eine Pause von 21 Sekunden. Dies wird achtmal bei ein bis zwei Sätzen wiederholt. Die Satzpause liegt bei drei bis fünf Minuten.

Stehvermögen bei maximaler Kreatinphosphatausschöpfung (Power Moves)

Wiederholungen	8-10 bei 8-10 Sekunden Belastung und 21 Sekunden Pause
Sätze	1-2
Rhythmus	explosiv
Satzpause	3-5 Min.

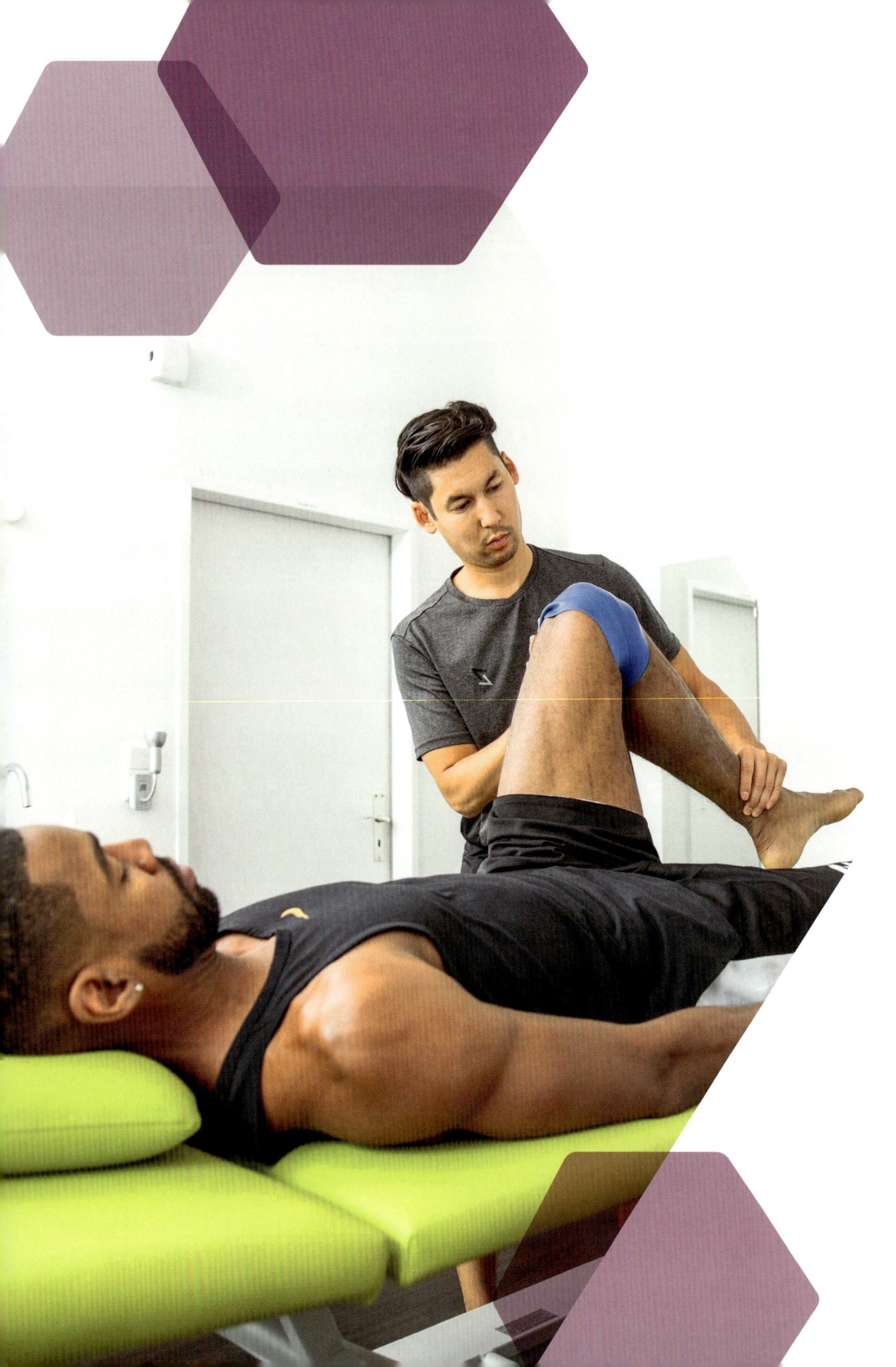

Rehabilitation – come back stronger!

7

Verletzungen sind die dunkle Seite des Leistungssports. Leider gehören Zerrungen, Prellungen, Risse und Brüche zum Alltag im Profigeschäft.

In der Saison 2015/16 wurden in den ersten beiden deutschen Profiligen der Männer im Basketball rund 520 Spieler in einem Club-Pflichtspiel eingesetzt. 67,2 Prozent aller eingesetzten Spieler verletzten sich mindestens einmal. Im Durchschnitt erlitt jeder dieser eingesetzten Basketballspieler 1,9 Verletzungen.

Das Sprunggelenk ist die im Basketball mit deutlichem Abstand am häufigsten verletzte Körperregion, gefolgt von Kniegelenks- und Oberschenkelverletzungen.

Die Rehabilitation sollte gut geplant sein. Ab dem Zeitpunkt der Verletzung müssen Maßnahmen ergriffen werden, um den Weg zurück auf das Feld optimal zu gestalten. Ein wichtiger Punkt, und wahrscheinlich die wichtigste Info für den Trainer und Spieler, ist die Dauer bis zur Rückkehr aufs Parkett. Grobe Zeitangaben lassen sich in der Fachliteratur nachlesen. Die Erfahrung im Profi- und Leistungssport zeigt jedoch, dass Rehaverläufe oft auch zügiger ablaufen können, als in der Literatur beschrieben. Hier setzt die kriterienbasierte Rehabilitation ein. Die komplette Reha wird in Etappenziele unterteilt. Besteht der Athlet einen bestimmten Test, darf er anspruchsvollere Übungen machen. Dies wird bis zur Wiederkehr aufs Spielfeld durchgeplant. Dadurch hat der Athlet ständig ein Nahziel vor Augen, was motivierend sein kann. Auch in der Kommunikation mit Trainern oder der medizinischen Abteilung hat die kriterienbasierte Rehabilitation ihre Stärken.

Im Folgenden werden die Verletzungen Inversionstrauma, Hüft Impingement (FAI), Ruptur des vorderen Kreuzbandes und die Achillessehnenruptur im Stil der kriterienbasierten Rehabilitation beschrieben. Die häufig chronischen und nicht durch ein Trauma hervorgerufenen Pathologien Rückenschmerz, Jumpers Knee und Schulterschmerz, werden allgemeiner beschrieben.

Oft bietet eine Rehabilitation auch die Möglichkeit, an Schwachstellen zu arbeiten und so körperlich stärker als zuvor zurückzukehren. Come back stronger!

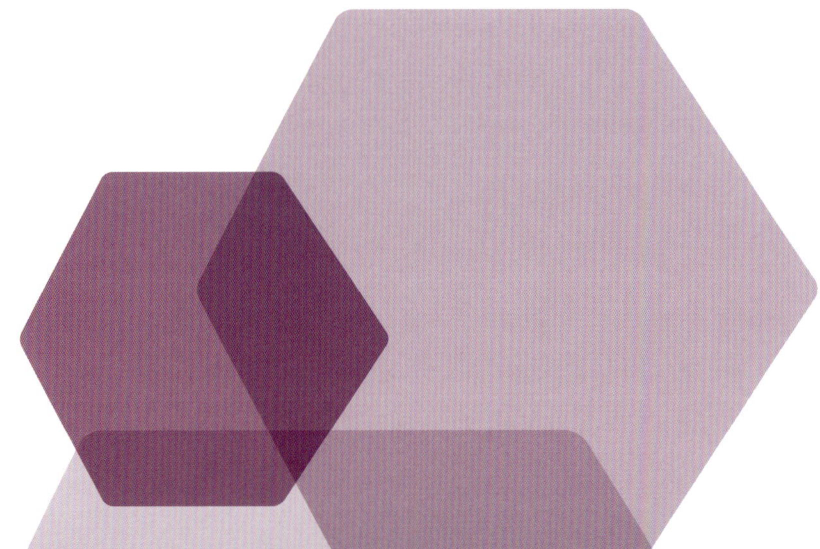

7.1 RÜCKENSCHMERZ

Die Ursache von Rückenschmerz kann vielfältig sein. Verstauchungen, Verspannungen, Bandscheibenveränderungen, strukturelle Veränderungen in Form von Bandscheibendegeneration, Arthrosen oder Mikrotraumen der Wirbelsäule sind mögliche Ursachen.

Ob fehlende Muskelkraft die Ursache für Rückenschmerz ist, kann niemand mit hundertprozentiger Sicherheit sagen. Fest steht jedoch, dass in jeder guten Rehabilitation oder auch in der Prävention an einer stabilen Wirbelsäule gearbeitet werden sollte. Aus diesem Stabilitätsgedanken hat sich ein Trainingskonzept entwickelt, welches unter dem Namen „Core Stability" oder „Core Strengthening" (CS) seit den späten 90er-Jahren eine hohe Akzeptanz in der Anwendung bei Rückenschmerztherapie gewonnen hat.

360° Core Training

Das Core Training beschreibt die muskuläre Kontrolle der Lendenwirbelsäule, die für eine funktionelle Stabilität sorgt. Bei den Muskeln, die eine Wirbelsäulenstabilität bewirken, handelt es sich um die Muskulatur, die den Rumpf-Bauch-Bereich mit dem Schultergürtel einerseits und mit der Beckenregion andererseits verbindet. Unsere Wirbelsäule ist auf Muskulatur angewiesen und würde ohne diese muskuläre Stabilität bei einem Zusatzgewicht zusammenbrechen.

Das Core Training sollte sich nicht auf statische Stützübungen beschränken. Übungen in verschiedenen Ausgangspositionen sollen die Rumpfmuskeln bestens vorbereiten oder rehabilitieren. Beim 360° Core Training wird die rumpfumspannende Muskulatur in verschiedenen Positionen (Übergangspositionen und funktionelle Positionen) aktiviert und trainiert. Zusätzlich unterscheiden wir statische, antirotatorische sowie dynamische Übungen. Bei reaktiven Übungen muss der Rumpf während schneller und explosiver Übungen stabilisieren [2, 7].

Eine besondere Rolle in der Stabilisation der Wirbelsäule nimmt ein tiefer Bauchmuskel ein. Der Musculus transversus abdominis. Bei gesunden Personen wird dieser Muskel innerviert, bevor andere Bauchmuskeln in Aktion treten und bevor irgendeine Bewegung der Extremitäten stattfindet. Bei Patienten mit Rückenschmerz tritt diese Aktivität erst verspätet auf.

Am besten wird der M. transversus abdominis durch das sogenannte „Hollowing" (leichtes Einziehen des Bauches) oder „Bracing" (willkürliches Anspannen der Bauchmuskulatur) aktiviert. In Level 1 und 2 sollte dieser Muskel durch Bracing oder Hollowing während der Ausführung aktiviert werden. Ab Level 3 ist eine gesonderte Aktivierung nicht mehr nötig [33].

Level 1	Aktivierung lokaler Stabilisatoren (z. B. M. transversus abdominis); Propriozeption
Level 2	Statische Stabilität / antirotatorisch (AR)
Level 3	Dynamische Stabilität
Level 4	Reaktive Stabilität

Übungspositionen 360° Core Training

Bauchlage

- Statisch/AR: Hyperextension Holds
- Dynamisch: Reptile, 1 Arm Hyperextension + Ball

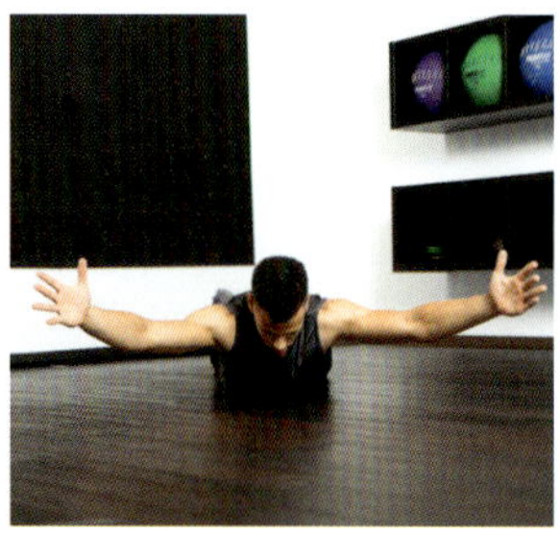
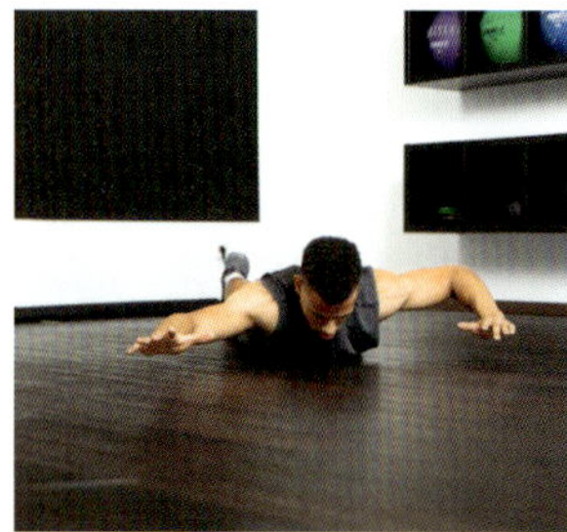
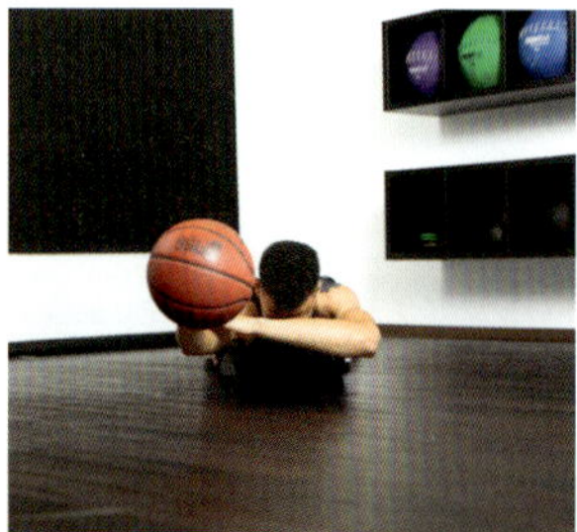

Rückenlage

- Statisch/AR: Back Bridge (BB)
- Dynamisch: BB Marches, Single Leg BB, McGill Crunch, Hip Crossover

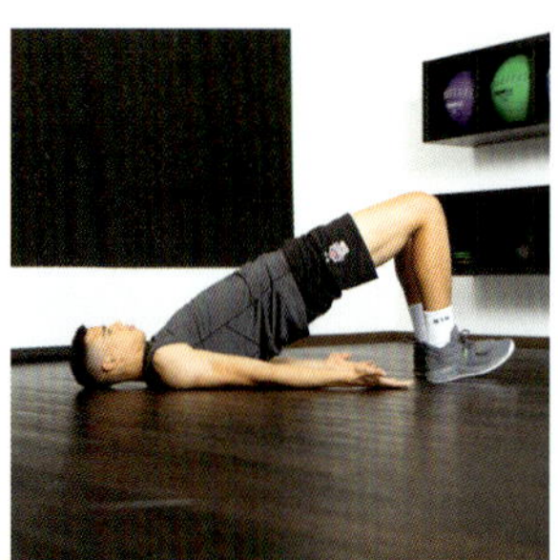
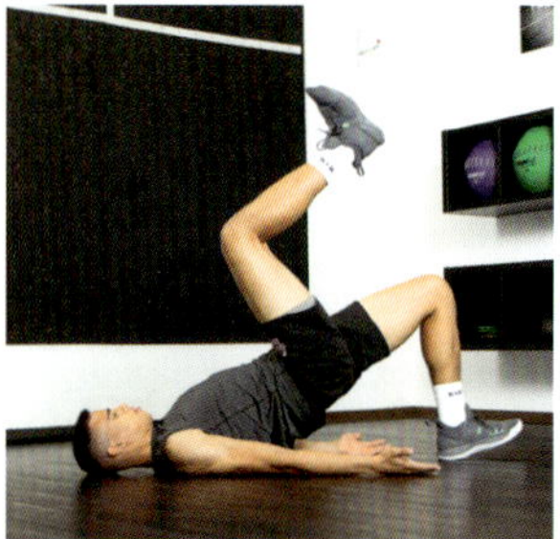
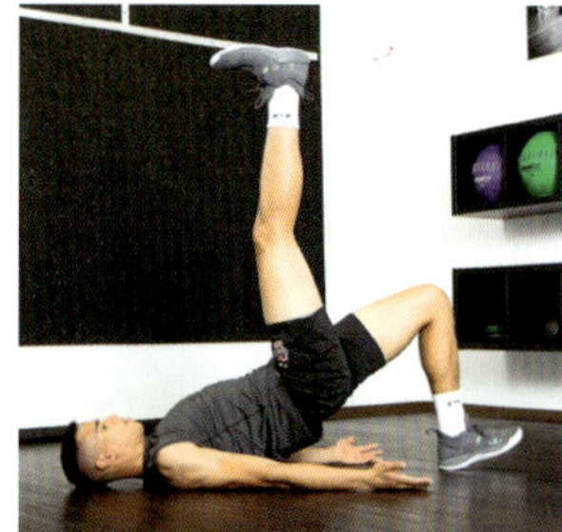
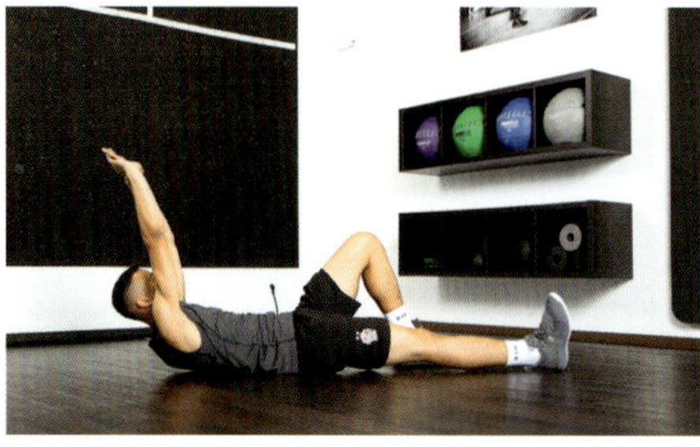
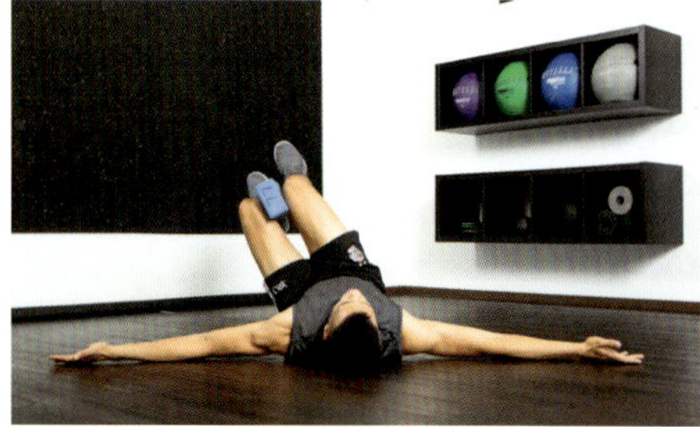

Seitenlage

- Statisch/AR: Side Plank
- Dynamisch: Dynamic Side Plank + Row

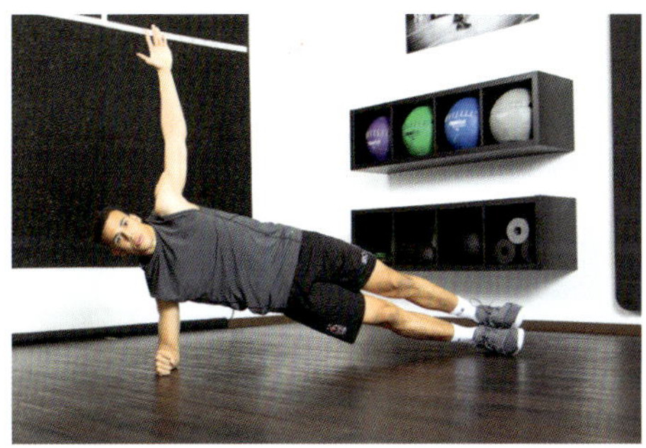

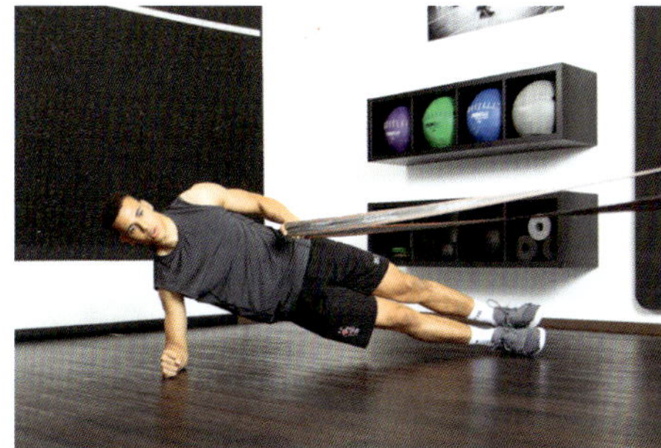

Liegestützposition/Unterarmstütz

- Statisch/AR: Variationen Front Plank, Push-up Position (PUP), Physioball (PB) Rollouts
- Dynamisch: PUP Armlifts, PUP Mountain Climbers

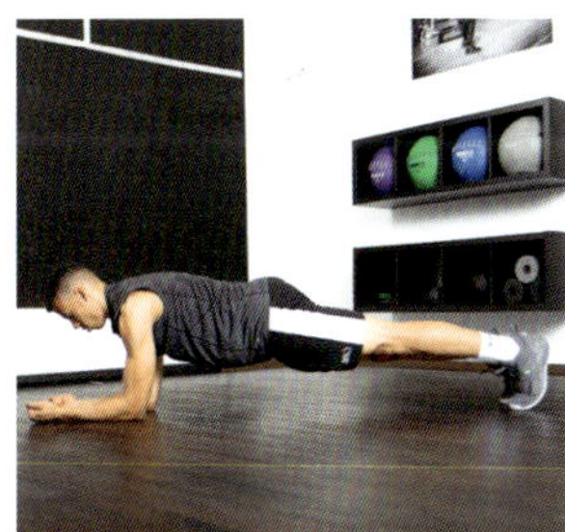

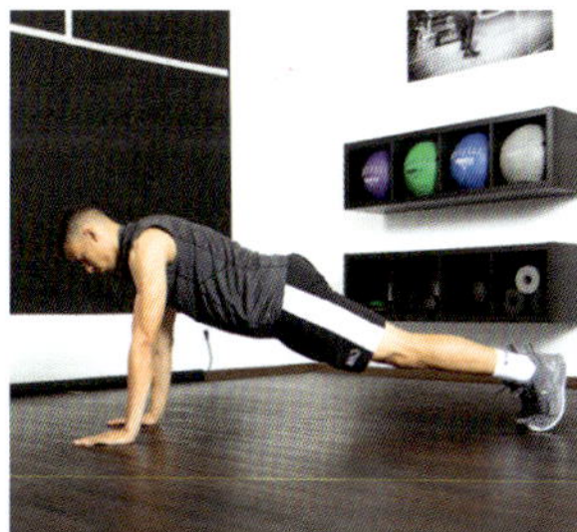

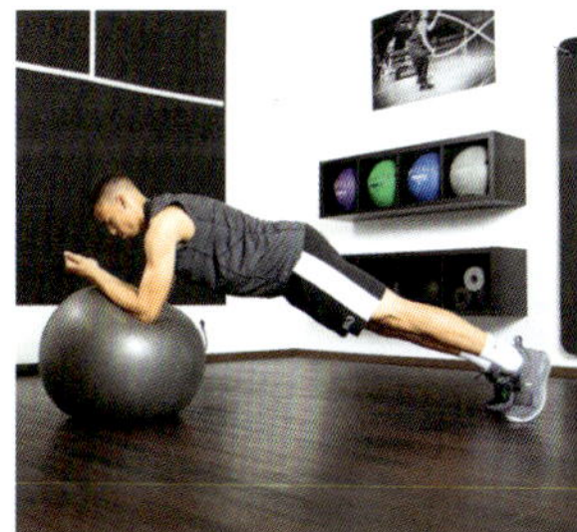

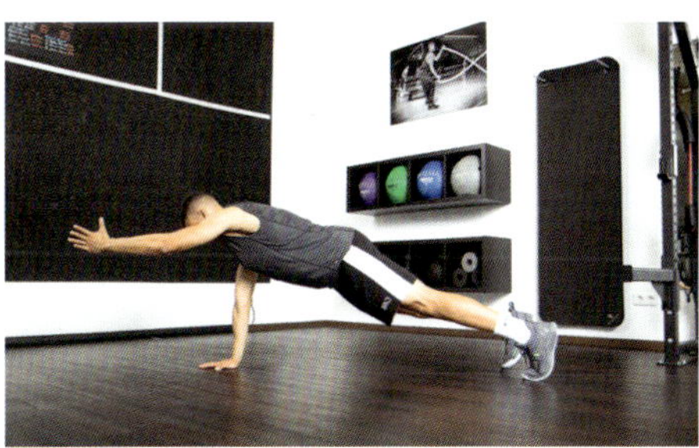

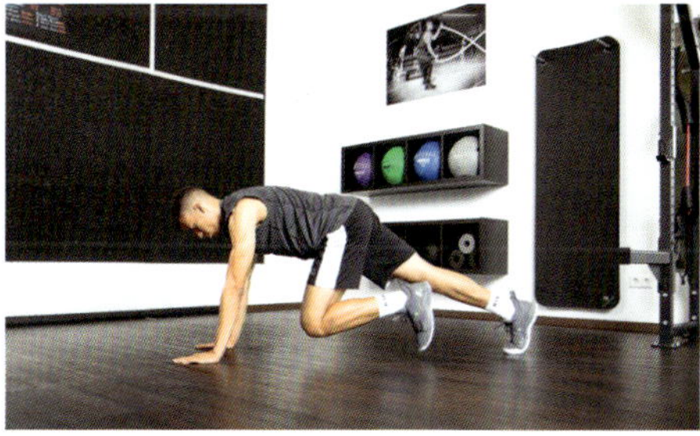

Kniend; halb-kniend

- AR: Pallof Press
- Dynamisch: Miniband Rows, Miniband Lifting und Chopping, Russian Twists

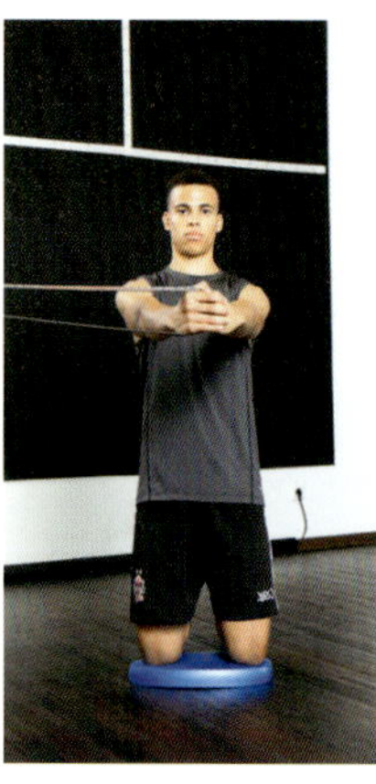
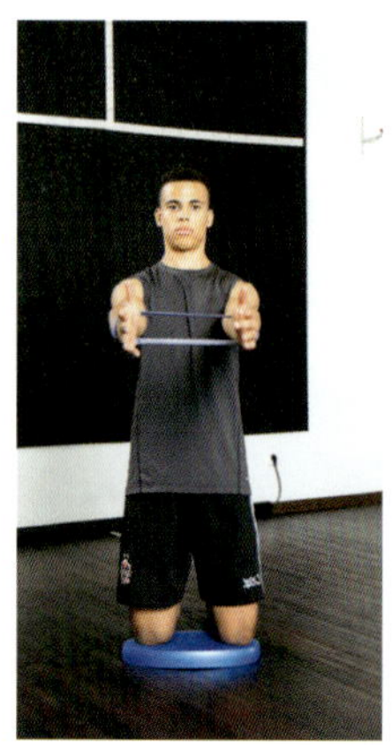
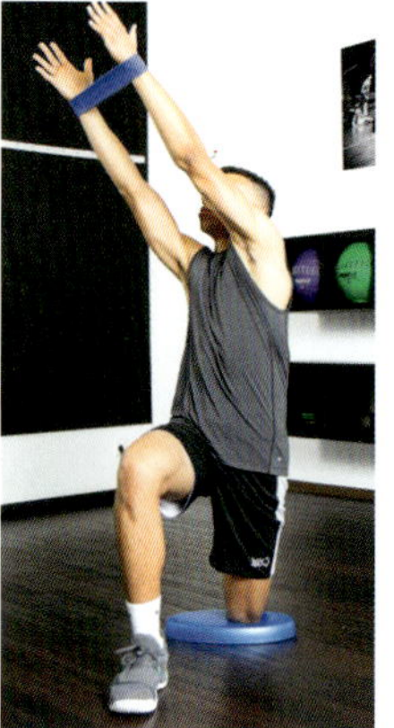
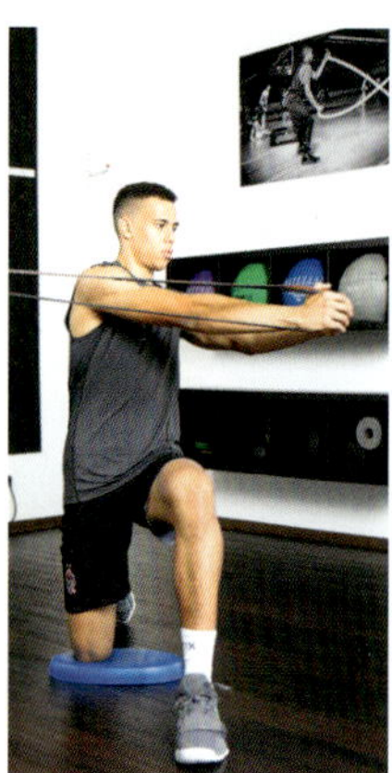

Stand

- Statisch/AR: Wall Posture Holds
- Dynamisch: MB Routine, Wall Miniband Sprinter Starts
- Reaktiv: Wall Exchanges, Wall Load und Lift; Medizinball Rotational Throw

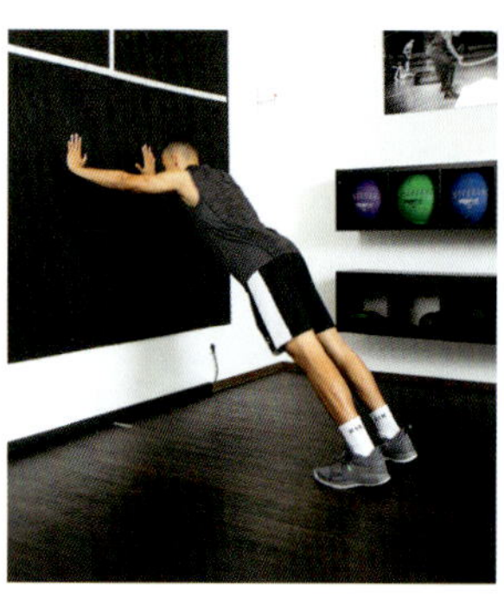
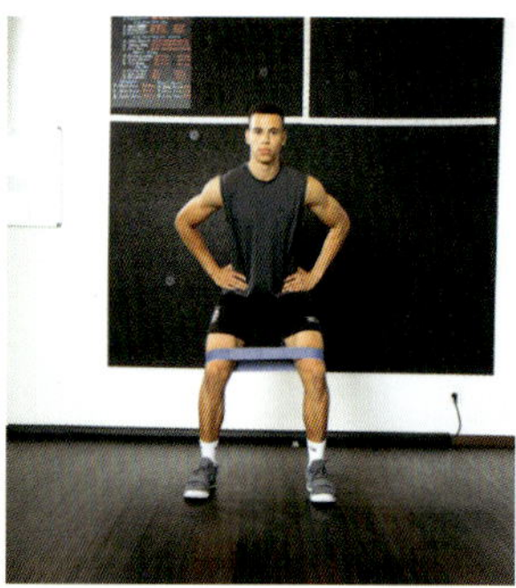
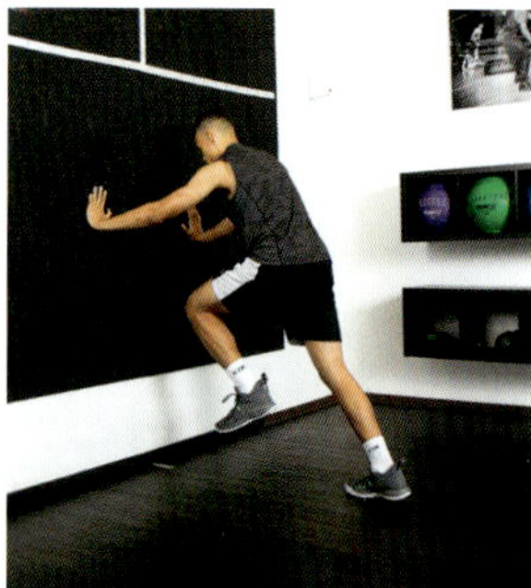
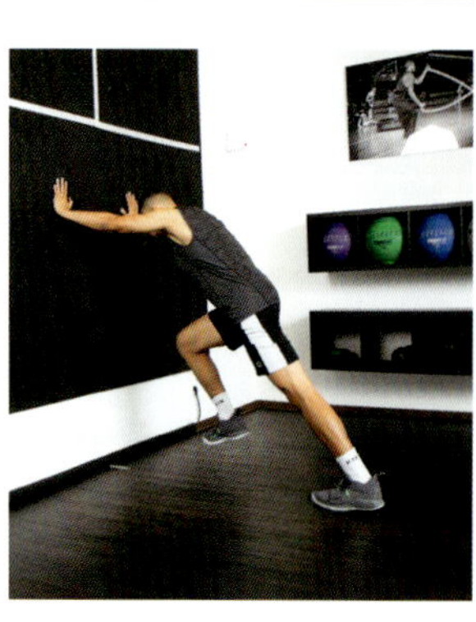
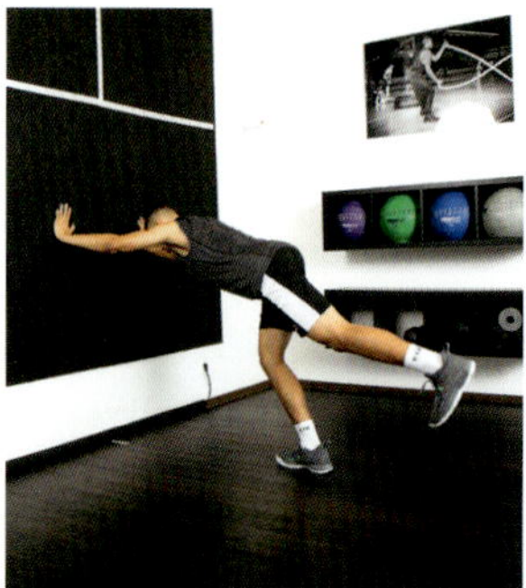
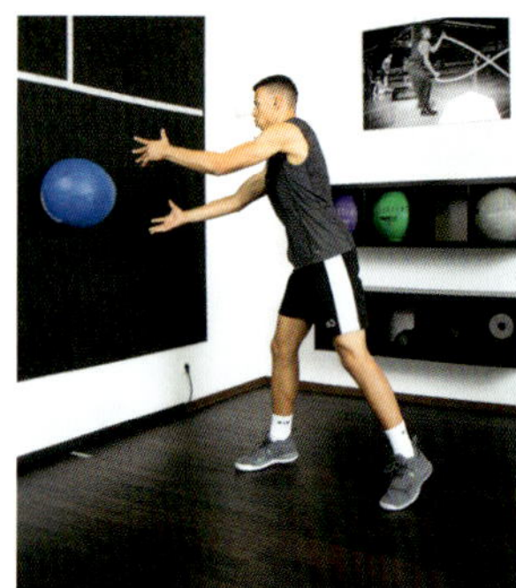

Tests

Um sich als Sportphysiotherapeut oder Athletiktrainer ein Bild der vorhandenen oder auch nicht vorhandenen Rumpfstabilität seines zu betreuenden Teams oder des einzelnen Sportlers zu machen, bedarf es einfacher Testformen. Eine in der Praxis einfache Methode zur Erfassung der Core-Stabilität stellen Stuart McGill und Kollegen vor. Das kanadische Forscherteam beschäftigt sich seit Jahrzehnten mit diesem Thema. Dabei steht die Ausdauer der Rumpfmuskulatur im Mittelpunkt. Mittels einer gesunden Probandengruppe, welche McGill als Norm bezüglich der Ergebnisse nahm, entstanden so zeitbezogene Referenzwerte. Diese Werte sollen Defizite der Core-Stabilität aufdecken und in der Konsequenz als Basis des Trainings dienen.

Der Test umfasst drei Abschnitte:

1. Extensionsausdauer
2. Flexionsausdauer
3. Seitstütz rechts und links

Normwerte in Sekunden sind in Tabelle 1 zusammengefasst

Extension	146
Flexion	144
Seitstütz rechts	94
Seitstütz links	97

Tabelle 1

Bei gesunden Sportlern sollte keine Seitendifferenz zwischen Seitstütz rechts und links vorhanden sein. Der Test zur Extensionsausdauer sollte im Verhältnis zur Flexionsausdauer und zum Seitstütz die zeitlich besten Werte aufweisen.

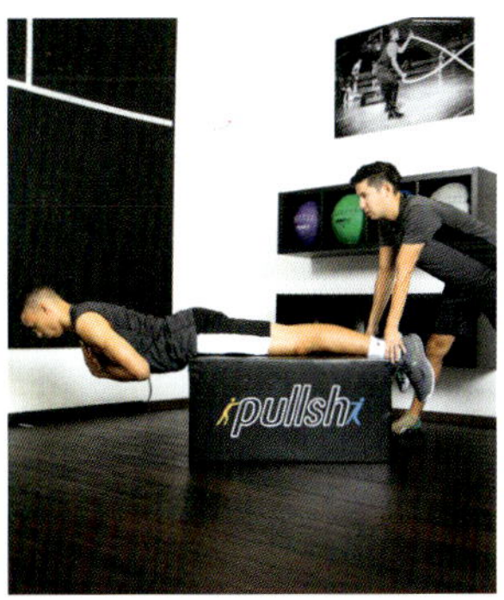

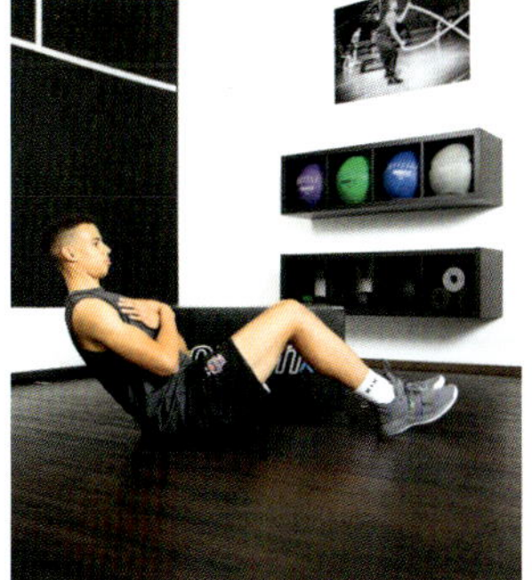

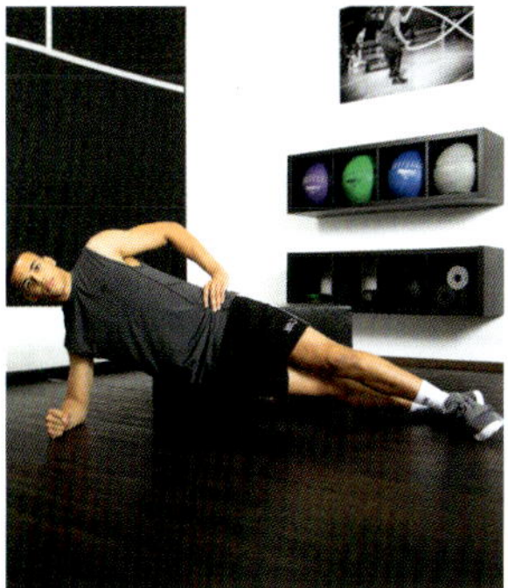

[25]

Flexibilitätstraining

Beweglichkeitstraining bei akutem Rückenschmerz ist mit Vorsicht zu genießen. Der akute Schmerz sollte sich durch das Stabilitätstraining zuerst gebessert haben, bevor mit forciertem Beweglichkeitstraining begonnen wird.

Dennoch sollte der Rücken natürlich eine gewisse Beweglichkeit haben. Fasziale Verklebungen, muskuläre Verhärtungen oder Triggerpunkte können die Beweglichkeit einschränken und Schmerzen verursachen. Hier eignet sich besonders die Blackroll, um dem Rumpf die nötige Beweglichkeit zu geben.

Übungen mit der Blackroll (BR)

- BR Open Book Stretch
- BR Reaches
- BR Rollouts
- Upper Back Rotations
- BR Glutes
- BR LWS
- BR BWS
- BR Lat

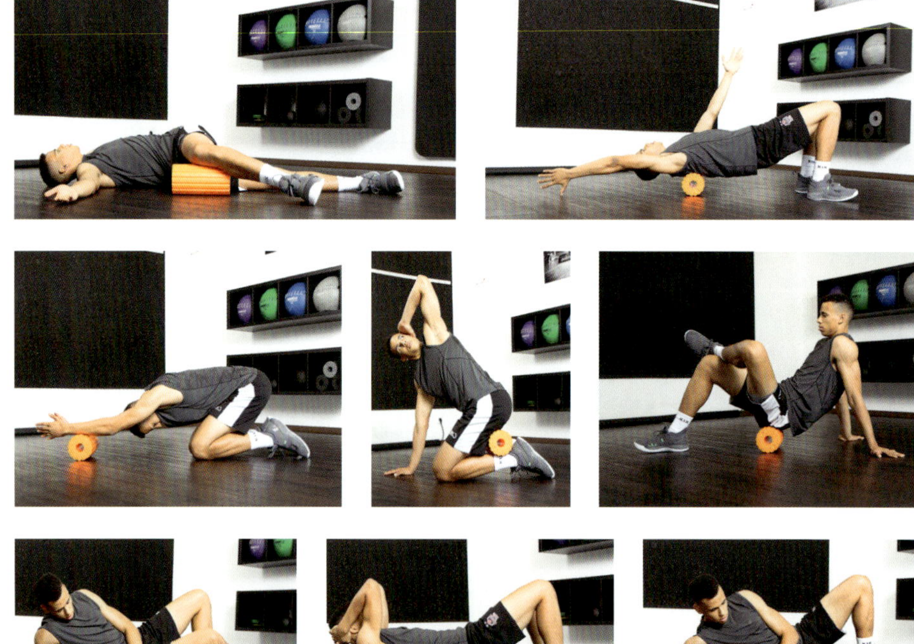

7.2 INVERSIONSTRAUMA

Ob auf dem Schuh des Gegners gelandet oder beim Richtungswechsel umgeknickt, die häufigste Verletzung eines Basketballers ist das Inversionstrauma des Sprunggelenkes. 2016 war die Sprunggelenksverletzung mit knapp 20 Prozent die häufigste Verletzung der easyCredit BBL [36].

Ob mit Tape, Bandage oder extra hohen Schuhen, manchmal ist die Sprunggelenksverletzung unvermeidbar. Die perfekte Nachsorge umfasst neben der Akutversorgung fünf Phasen, die jeweils durch bestimmte Tests erreicht werden.

Akutversorgung der Verletzung

Direkt nach einer Verletzung kann die Akutversorgung einen wichtigen Grundstein für die weitere Reha legen. Eine erste Schnelldiagnostik erfolgt in Zusammenarbeit mit dem Teamarzt direkt auf dem Feld bzw. auf der Auswechselbank. Hier entscheidet sich je nach Annahme über die Schwere der Verletzung, ob eine direkte Versorgung in der Halle ausreicht oder ob der Athlet zur weiteren Versorgung ins Krankenhaus muss. Ein nützliches Instrument zur Entscheidungsfindung sind die Ottawa Ankle Rules. Hier wird die Möglichkeit eines Knochenbruches nach Inversionstrauma anhand von einzelnen Kriterien abgewägt: Ein Verdacht auf einen Bruch besteht, wenn der Athlet

Ottawa Ankle Rules

- keine vier Schritte direkt nach dem Verletzungsgeschehen gehen kann oder
- eine erhöhte lokale Knochenempfindlichkeit im Bereich der hinteren Kanten oder Spitzen der Malleolen verspürt oder
- eine erhöhte lokale Knochenempfindlichkeit im Bereich Os naviculare oder Basis Metatarsale V verspürt [34].

Wird von einer einfachen Bänderverletzung ausgegangen, kommt die PECH-Regel zur Anwendung:

Pause

Eis

Compression

Hochlagern

Ein weiterer wichtiger Aspekt ist Distress gegenüber dem Athleten. Erfahrungsgemäß sind die mentalen Aspekte bei einer Verletzung nicht zu verachten. Um einen reibungslosen Rehaverlauf zu starten, sollte der Therapeut beruhigende Worte finden.

Bildgebende Verfahren sowie manuelle Tests können in den ersten Stunden/Tagen eine Diagnose geben.

Phase 1: Kontrolle der Entzündung

In der ersten Phase erfolgt die Kontrolle der Entzündung. Diemer und Sutor [11] beschreiben hierzu ein Schema, welches sehr praxistauglich ist:

Eine Entzündung mit eindeutigen Anzeichen wie Rötung, Schwellung sowie Wärme ist normal und gehört zum Heilungsverlauf. Medikamente werden nur verordnet, wenn die Entzündungszeichen als zu hoch eingestuft werden (Temperaturunterschied deutlich über zwei Grad im Seitenvergleich) oder der Athlet starke Schmerzen hat. Ähnliches gilt für Eisanwendungen. Eine Verbesserung des Outcomes mittels Eis kann nicht pauschal angenommen und muss individuell entschieden werden. Die Temperatur lässt sich hervorragend mit einem Laserthermometer überprüfen.

Weiterhin ist eine Ruhigstellung mit Tape oder Bandage nötig. Eine Entlastung durch Gehstützen bei starkem Schmerz sollte in den ersten Tagen angeleitet werden. Ein generelles Management hinsichtlich gesunder Ernährung, gutem Schlaf usw. ist in dieser ersten Phase wichtig. So werden optimale Voraussetzungen für die ablaufenden Heilungsmechanismen geschaffen.

Die erste Phase ist überstanden, wenn Test eins bestanden wird [18, 19].

1. Test: Temperatur/Schmerz

- Kein Dauer-Ruheschmerz
- Temperaturerhöhung < 2° im Seitenvergleich

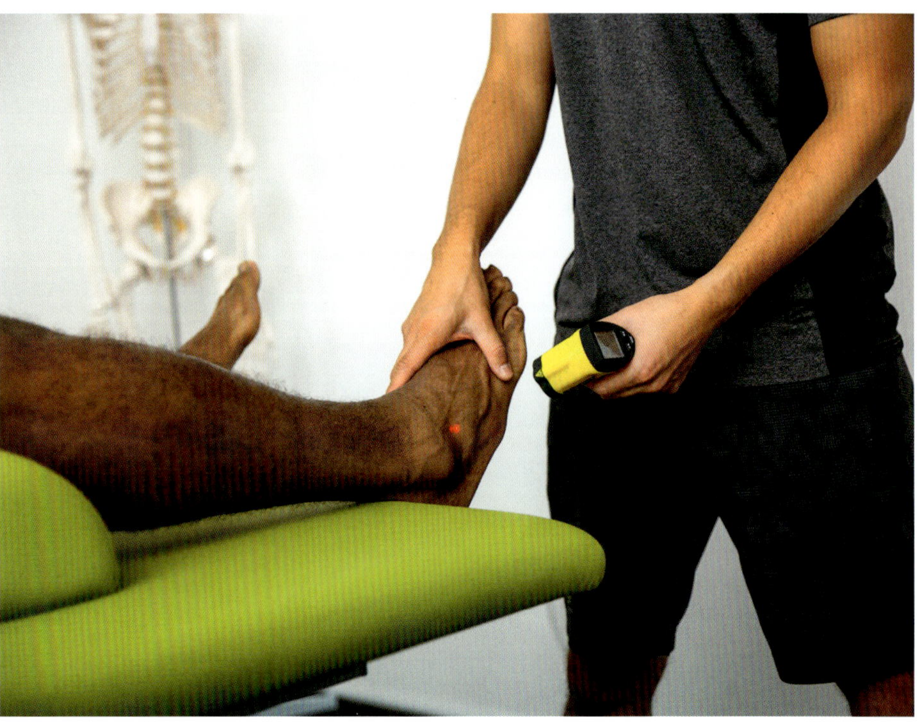

Phase 2: Zurück zum Gehen

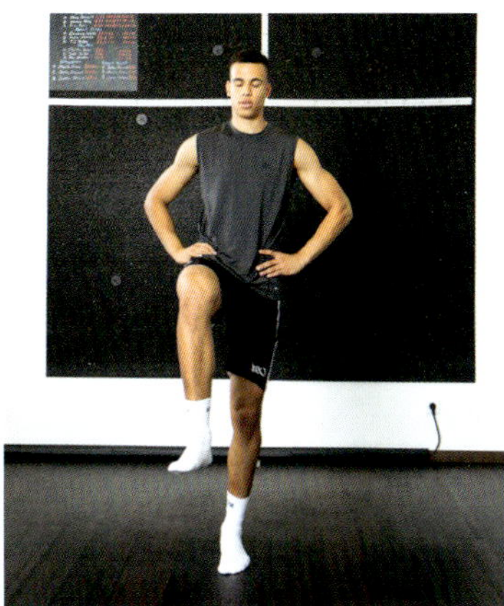

Nach bestandenem ersten Test beginnt der Athlet die aktive Reha. Ziel dieser Phase ist eine Verbesserung der Beweglichkeit und eine Belastung bis zum Einbeinstand ohne wiederkehrende Entzündungszeichen sowie schmerzfreies Gehen.

2. Test: Range of Motion/Temperatur nach Belastung/Einbeinstand

- Aktives und passives Bewegungsausmaß < 10° Seitenunterschied
- ROM-Test an der Wand
- Wenig Temperaturerhöhung nach Belastung
- 30 Sekunden Einbeinstand, zehn Sekunden mit geschlossenen Augen

Phase 3: Zurück zum Laufen

Nach bestandenem zweiten Test steigert der Athlet die Belastung. Ein Training auf den Füßen sollte nun möglich sein. Ziel ist eine progressive Belastung bis zum Laufen. Feedbackübungen verstehen sich als Übungen mit den Füßen auf dem Boden ohne Sprungbelastung. Das Bewegungsmuster „Laufen" kann angebahnt werden. Lauftraining mit Geschwindigkeiten über 10 km/h findet erst nach bestandenem dritten Test statt.

3. Test: Star Excursion Balance Test (SEBT)/Y-Balance Test

Beim Star Excursion Balance Test (SEBT) führt der Sportler einen Einbeinstand aus, während er mit dem anderen Fuß versucht, maximal entfernte Punkte in acht verschiedene Richtungen zu erreichen. Eine modifizierte Variante beschränkt sich auf das Testen von nur drei Bewegungsrichtungen. Physiotherapeut Phillip Plisky und Kollegen haben diese modifizierte Variante instrumentalisiert und so den Y-Balance-Test™ entwickelt.

Maximal fünf Prozent Seitendifferenz sind erlaubt. Weiterhin sollten Weiten erreicht werden, welche der individuellen Beinlänge der Testperson entsprechen [31].

SEBT/Y-Balance-Test

- Max. 5 % Seitendifferenz
- Weiten, welche der Beinlänge entsprechen

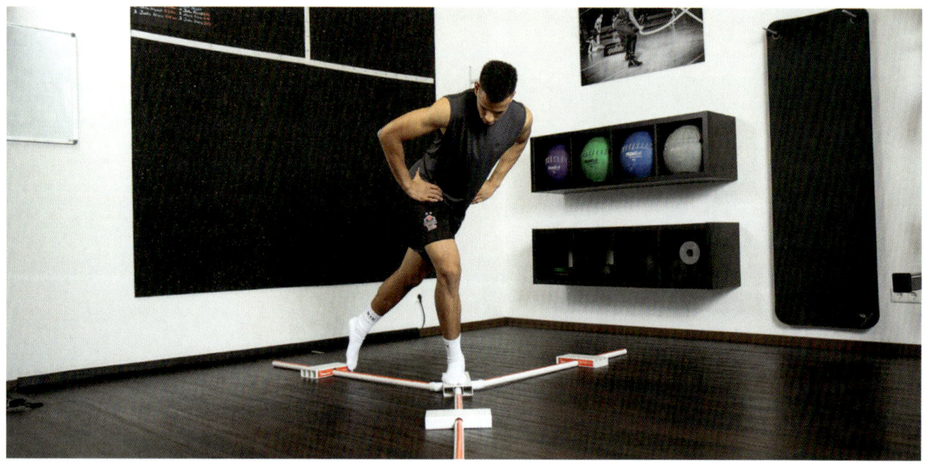

Phase 4: Zurück zum Springen/Sprinten

In Phase vier wird der Athlet wieder an sportartspezifische Bewegungsmuster herangeführt. Ziel ist es, Stabilität und Vertrauen in die Leistungsfähigkeit zu entwickeln. Beispielsweise durch Feedforward-Übungen, bei denen die Sprungbelastung im Vordergrund steht. In Phase vier wird der Spieler ins Mannschaftstraining ohne Gegnerkontakt eingegliedert. Basketballspezifische Übungen werden auf dem Feld absolviert.

4. Test: Single Leg Hop

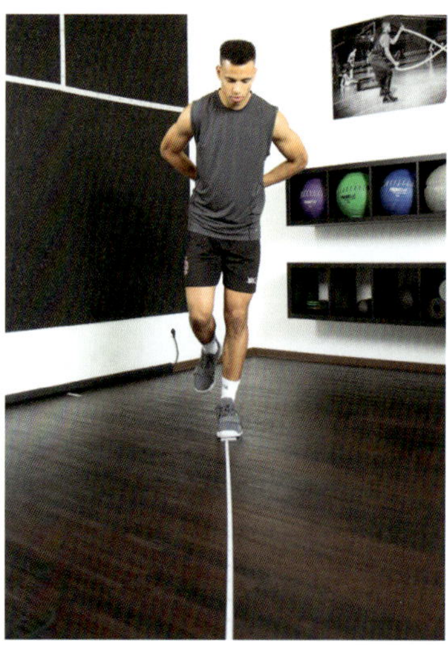

Getestet wird ein horizontaler Sprung mit hinter dem Körper verschränkten Armen. Absprung und Landung erfolgen vom gleichen Fuß. Es werden nur Versuche gewertet, bei denen der Athlet stabil gelandet ist. Der Proband führt zum Aufwärmen vier Sprünge mit 25, 50, 75 und 100 Prozent der subjektiven maximalen Leistungsfähigkeit durch. Darauf werden drei Sprünge mit maximaler Weite ausgeführt. Der Durchschnitt von drei maximalen Sprüngen pro Seite wird ins Verhältnis zu Körpergröße und Gegenseite gesetzt. Mindestens 85 Prozent im Seitenvergleich muss die verletzte Seite erreichen, um den Test zu bestehen. Männer müssen 80-90 Prozent ihrer Körperhöhe, Frauen 70-80 Prozent ihrer Körperhöhe springen, um zu bestehen [9].

Single Leg Hop Test

- Männer 80-90 % der Körperhöhe, Frauen 70-80 %
- Mindestens 85 % im Seitenvergleich

Phase 5: Zurück zum Spiel

Hat der Sportler den vierten Test bestanden, wird er ins Mannschaftstraining eingegliedert. Ein Reha-Basisprogramm mit präventivem Hintergrund sollte weitergeführt werden.

Sprunggelenksbandagen – Schiene und Tape

Profisportler oder Athleten, welche schon einmal eine Verletzung am Sprunggelenk hatten, sollten eine Schiene oder ein Tape bei jedem Training mit Kontakt sowie im Spiel tragen. Bereits zehn Minuten nach dem Anlegen des Tapes kann dieses bis zu fast 50 Prozent an Stabilität verlieren. Eine Schiene hingegen hält länger, ist jedoch teilweise unbequemer. Barfußtraining eignet sich hervorragend, um die Füße zusätzlich zu stabilisieren.

Schuhe

In den 70er-Jahren, zu Zeiten von Dr. J, hatten Basketballer sehr hohe Schuhe. Der hohe Schaft sollte das Umknicken verhindern. Heute tragen die Athleten oft niedrige Schuhe. Untersuchungen zeigen, dass nicht die Höhe des Schuhs entscheidend ist, sondern sein Alter. Wenn also die Schuhe hohe Gebrauchsspuren aufweisen, sollte über einen Austausch nachgedacht werden. Die Schuhe, in denen sich der Athlet schon einmal verletzt hat, sollten direkt in die Tonne gehen [37].

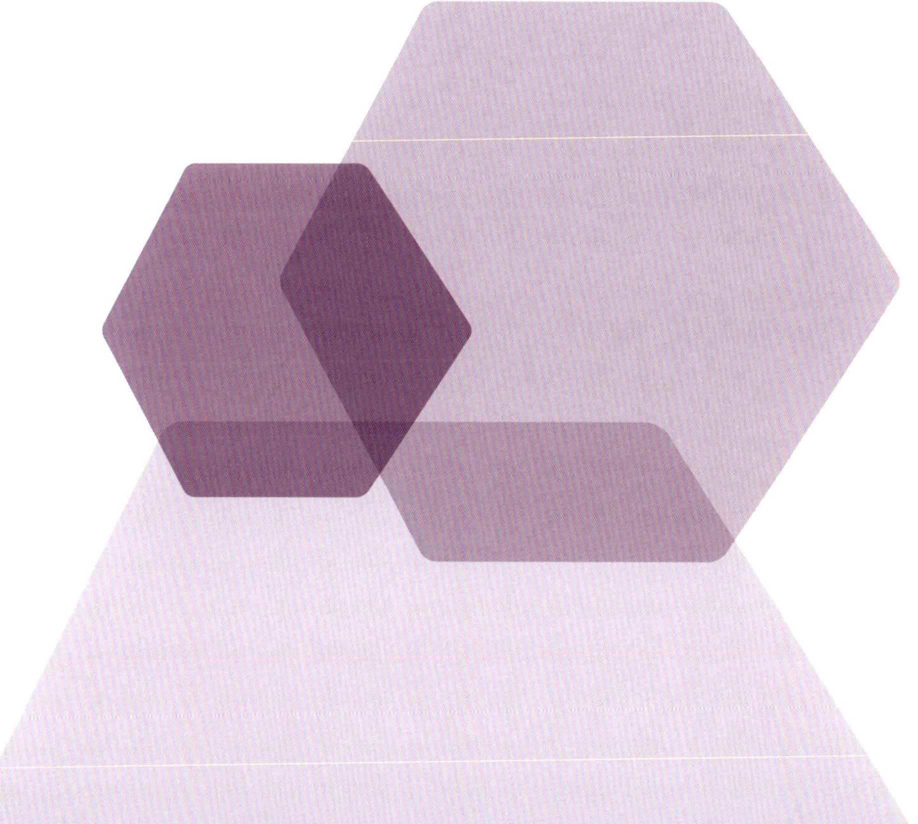

7.3 HÜFT IMPINGEMENT – FEMOROACETABULÄRES IMPINGEMENT (FAI)

Bei Schmerzen im Bereich der Leiste oder Hüfte liegt vielleicht ein Femoroacetabuläres Impingement (FAI) vor. Das FAI ist eine Einklemmung zwischen Hüftkopf und Hüftpfanne. Es wird durch eine Hypermobilität oder morphologische Veränderung des Hüftgelenks ausgelöst. Diese Veränderungen können besonders bei Basketballern durch die hochdynamischen Bewegungen während des Wachstums entstehen. Also sollte schon früh mit hüftstabilisierenden Übungen begonnen werden.

Selten ist der Beginn des Schmerzes durch ein Trauma hervorgerufen, sondern beginnt plötzlich durch sich ständig wiederholendes Bewegungsmuster, wie z. B. Joggen. Der Schmerz kann durch ein Heranziehen des Beines mit zusätzlicher Rotation ausgelöst werden. Im Röntgenbild ist ein FAI sichtbar.

Therapie/Reha

Achtung: Durch Beweglichkeitstraining können sich die Symptome verschlechtern. Bei sehr schmerzhaften Verläufen sollte für mindestens vier Wochen die Trainingsbelastung modifiziert werden. Zwischen der Verletzung und der Rückkehr zur Spielbelastung müssen vier Tests bestanden werden. Sobald ein Test bestanden ist, darf der Sportler höher belastet werden (siehe weiter oben).

Kontrolle der Entzündung

Direkt nach der Verletzung stehen die Akutversorgung sowie die Kontrolle der Entzündung im Fokus. Sobald kein Ruheschmerz mehr vorliegt, kann mit leichten Übungen begonnen werden. Wichtig ist, dass noch keine endgradige Mobilisation beübt wird, solange spezifische Provokationstests (zu vielen Hüft- und Leistenpathologien existieren valide Tests, welche ein Physiotherapeut durchführt) positiv ausfallen.

Test 1: Kein Ruheschmerz

Test 2: Provokationstest negativ

Sobald die Provokationstests negativ ausfallen, kann mit Mobilisation (auch endgradig) und Stabilisation des gesamten Hüft-Beckenbereiches begonnen werden.

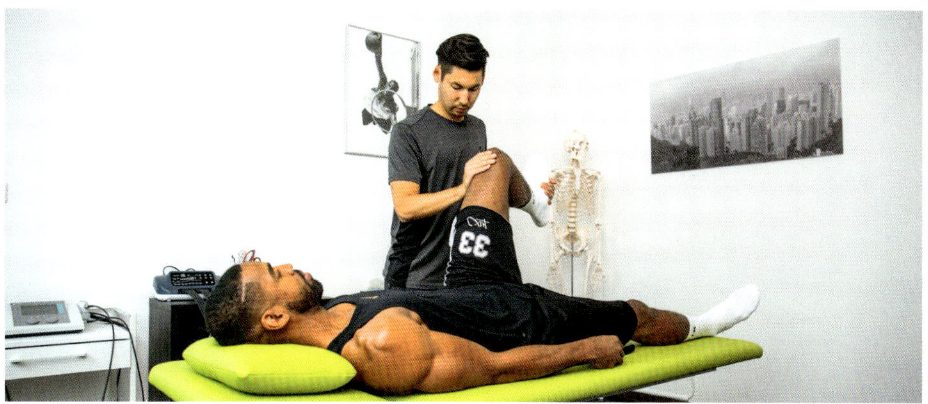

Test 3: SEBT/Y-Balance-Test

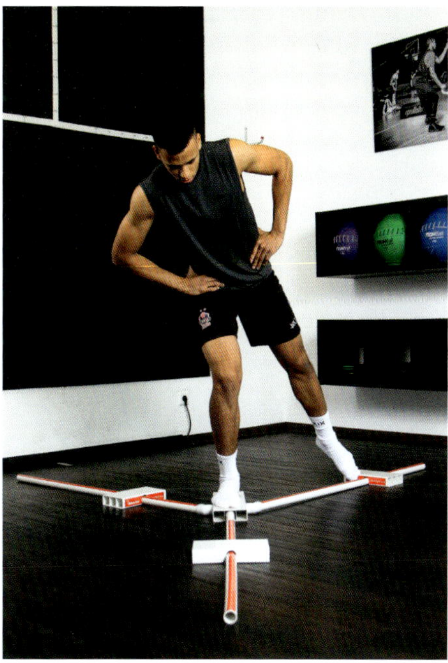

Nach bestandenem Y-Balance-Test oder modifiziertem Star Excursion Balance Test (SEBT) kann der Sportler das Krafttraining für die untere Extremität beginnen. Feedback steht für Übungen ohne Sprungbelastung. Bei Feedforward werden auch Sprünge trainiert.

Beim Star Excursion Balance Test (SEBT) führt der Sportler oder Patient einen Einbeinstand aus, während er mit dem anderen Fuß versucht, maximal entfernte Punkte in acht verschiedene Richtungen zu erreichen. Eine modifizierte Variante des Tests beschränkt sich auf das Testen von nur drei Bewegungsrichtungen. Maximal fünf Prozent Seitendifferenz sind erlaubt. Außerdem sollten Weiten erreicht werden, welche der individuellen Beinlänge der Testperson entsprechen.

Test 4: LESS-RT, Single Leg Hop

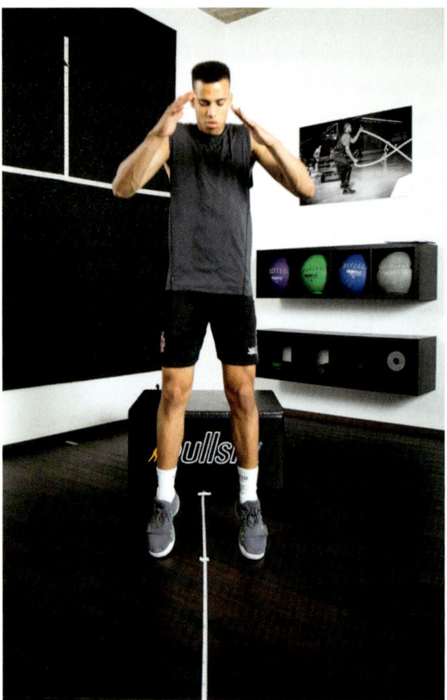

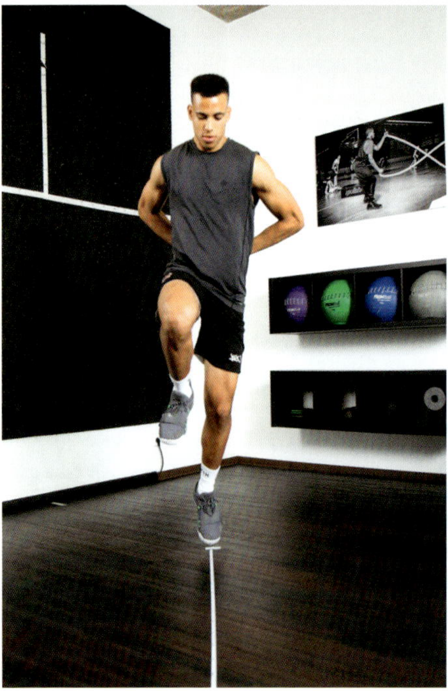

Die letzten Tests vor der Eingliederung ins Teamtraining sind der LESS-RT (siehe Tests/Präventionsdiagnostik) sowie der Single Leg Hop.

Das Landing Error Scoring System Real-Time wurde entwickelt, um in Echtzeitinformationen über individuelle Bewegungsabläufe beim Sprung zu erfassen. Zehn verschiedene Befunde werden innerhalb von vier Sprüngen erfasst und bewertet. Ein zusätzlicher Sprung erlaubt dem Beobachter, die zehn Befunde nochmals zu evaluieren.

Beim Single Leg Hop wird ein horizontaler Sprung mit hinter dem Körper verschränkten Armen getestet. Absprung und Landung erfolgen vom gleichen Fuß. Es werden nur Versuche gewertet, welche stabil gelandet werden. Der Proband führt zum Aufwärmen vier Sprünge mit 25, 50, 75 und 100 Prozent der subjektiven maximalen Leistungsfähigkeit durch.

Der Durchschnitt von drei maximalen Sprüngen pro Seite wird ins Verhältnis zu Körpergröße und Gegenseite gesetzt. Mindestens 85 Prozent im Seitenvergleich muss die verletzte Seite erreichen, um den Test zu bestehen, Männer müssen 80 bis 90 Prozent ihrer Körperhöhe, Frauen 70 bis 80 Prozent ihrer Körperhöhe springen, um zu bestehen.

7.4 RUPTUR DES VORDEREN KREUZBANDES (VKB)

Verletzungen des vorderen Kreuzbandes gehören zu den häufigsten Sportverletzungen. Man rechnet mit etwa 35.000 pro Jahr in Deutschland. Besonders Sportler werden heute im Normalfall operiert. Dennoch schützt eine Operation nicht unbedingt vor einer Gelenkabnutzung und späteren Schäden. Vielmehr sind die Begleitverletzungen ausschlaggebend, ob es zu Spätfolgen kommt. Bei bis zu 80 Prozent der VKB-Rupturen treten begleitend sogenannte Bone Bruises auf. Dies sind Verletzungen des Knorpels oder des Knochens unter dem Knorpel. Auch Meniskusschäden und Bänderläsionen können begleitend auftreten. Diese Begleitverletzungen sind ausschlaggebend für den Rehaverlauf, sowie für den zukünftigen Zustand des Knies. Bei der operativen Therapie haben sich zwei Verfahren etabliert: die Patellarsehnenplastik und die Semitendinosusplastik. Beide Verfahren führen in der Regel zu einem guten Ergebnis.

Das postoperative Nachbehandlungsschema wird in drei Phasen eingeteilt:

1. **Entzündungsphase (7-10 Tage)**
2. **Frühe Ligamentisierung (bis ca. 8. Wochen nach der OP)**
3. **Späte Ligamentisierung (nach der 8. Woche)**

1. Entzündungsphase

Direkt nach der OP wird der Athlet eine ausgeprägte Entzündung haben. Die Entzündung ist eine ganz normale Reaktion und wichtig für den Wundheilungsverlauf. Nur bei sehr starken Schmerzen sollten Medikamente eingenommen werden. Eine Kontrolle der Schwellung und der Temperatur im Seitenvergleich macht die Entzündungsphase messbar. Mittels eines Infrarotthermometers kann die Oberflächentemperatur gemessen werden. Weicht diese mehr als zwei Grad zur gesunden Seite ab, sollte gekühlt werden. Ändert sich der Schmerz und es tritt kein Ruhe- und Nachtschmerz mehr auf, dann klingt die Entzündungsphase ab. Dies wird im Normalfall nach spätestens einer Woche der Fall sein.

1. Test: Abgeschlossene Wundheilung

2. Frühe Ligamentisierung

Sobald die Entzündungsphase abgeschlossen ist, muss das Bein wieder belastet werden. Eine Teilbelastung sollte nur bei starken Schmerzen oder einem schlechten Gangbild in Betracht gezogen werden. Bei adäquater Schmerzreaktion ist eine sofortige Vollbelastung zu empfehlen. Die Beweglichkeit in Extension ist das wichtigste

Ziel in dieser Phase. Jede Stunde sollte in die maximal mögliche Beugung und Streckung bewegt werden (3 x 10 Wiederholungen).

Zunächst sollte die Mobilisation schmerzfrei sein. Bestehen keine dramatischen Begleitverletzungen, ist von einer Schienenversorgung und von einer pauschalen Limitierung des Bewegungsausmaßes abzusehen.

Die Ansteuerung der Muskulatur ist ein weiterer wichtiger Punkt in dieser Phase. Einfache Anspannungsübungen der einzelnen Muskeln bis hin zu Kniebeugen sollen in der 2. Reha-Phase geübt werden. Sobald der Y-Balance-Test (siehe Kapitel Tests/Präventionsdiagnostik) bestanden ist, befindet sich der Sportler in der 3. Reha-Phase.

2. Test: Y-Balance-Test

3. Späte Ligamentisierung

Zwei Monate nach der Operation sollte die Mobilisation forciert werden. Dehnschmerzen dürfen nun auftreten. Ziel ist die vollständige Wiederherstellung der Beweglichkeit. Weiterhin sollte an sämtlichen Kraftqualitäten gearbeitet werden. Behutsam kann jetzt auch an Sprung- und Landetechniken gearbeitet werden. Beendet ist die Phase, sobald der Athlet die Sprungtests besteht.

3. Test: Sprungtest

Zweibein-Weitsprung
Männer sollten ca. 90-100 % ihrer Körpergröße, Frauen ca. 80-90 % ihrer Körpergröße weit springen können.

Einbein-Weitsprung
Beim Einbein-Weitsprung können die oben genannten Normwerte um 10 % reduziert werden. Also Männer 80-90 % und Frauen 70-80 %.

Einbein-Weitsprung im Seitenvergleich.

Im Seitenvergleich müssen mindestens 85 % der Weite der gesunden Seite erreicht werden.

Weiterer Rehaverlauf

Nach ca. drei bis vier Monaten ist das Grundgerüst für das Comeback aufgebaut. Basketballtraining ohne Kontakt, Athletiktraining und Ausdauertraining sind für die folgenden Wochen der tägliche Begleiter. Das Comeback sollte für sechs bis neun Monate nach der Operation geplant werden. Aktuelle Zahlen bestätigen eine Rückkehr ins Mannschaftstraining nach durchschnittlich 258 Tagen bzw. nach acht Monaten [12, 13].

7.5 ACHILLESSEHNENRUPTUR

Die wahrscheinlich bekannteste Achillessehnenruptur im Basketball ist die von Kobe Bryant in einem der letzten regulären Saisonspiele im April 2013. Kurz vor Ende des Spiels verletzte er sich bei einem Antritt zum Korb. Die Operation erfolgte direkt am Folgetag. Ganz nach allgemein gültigem Reha-Schema bekam er für sechs Wochen eine Orthese mit Fersenerhöhung. Im August des gleichen Jahres startete Kobe mit leichtem Lauftraining. Mitte November begann er mit dem Training ohne Kontakt, und kurz darauf nahm er am regulären Mannschaftstraining teil. Am 8. Dezember 2013 schließlich spielte Kobe zum ersten Mal nach acht Monaten wieder.

In Deutschland wird aktuell mit ca. 16.000 Rupturen pro Jahr gerechnet. In den ersten zwei deutschen Basketball-Profiligen ist die Achillessehnenruptur die Ausnahme. Unterschenkelverletzungen (hierzu zählen nicht nur Achillessehnenrupturen) rangieren mit einem Anteil von 4,3 Prozent auf dem zehnten Platz aller Verletzungen der Saison 2017/18 [13].

Eine Achillessehnenruptur wird zu sehr hoher Wahrscheinlichkeit operiert. Oft bekommt der Verletzte für die ersten sechs Wochen in etwa eine Orthese (eine Art Skischuh), welche in einem entlastenden Winkel eingestellt ist. Dieser Winkel wird im Laufe der sechs Wochen abgebaut, so dass man am Ende der Zeit bei 0° ankommt. Die Belastung wird im selben Maße gesteigert. Über eine Entlastung mit Stützen zur Teilbelastung wird der Sportler an die Vollbelastung herangeführt. Eventuell wird im Anschluss noch eine fersenerhöhende Einlage für den normalen Schuhe angepasst.

Die Nachbehandlung umfasst drei Phasen:

1. **Entzündung (7-10 Tage)**
2. **Wachstum (Proliferationsphase) (bis ca. sechs Wochen nach OP)**
3. **Remodellierung (nach der 6. Woche)**

1. Entzündungsphase

In den ersten sieben bis zehn Tagen nach der Operation wird der verletzte Bereich einer mehr oder weniger starken Entzündung ausgesetzt sein. Dies ist ganz normal und gehört zur Heilung der Sehne dazu. In dieser Phase sollte der Athlet versuchen, durch Kühlung den Temperaturanstieg unter 2° C Seitendifferenz zu halten. Der Fuß sollte ruhiggestellt sein und möglichst oft hoch gelagert werden. Die Entzündungsphase ist beendet, wenn Ruhe- und Nachtschmerz abklingen und die Temperatur sinkt.

2. Wachstumsphase (Proliferationsphase)

Zeitlich gesehen dauert diese Phase etwa bis zu sechs Wochen nach der OP. Beim Gehen sollte weiterhin die Orthese getragen werden. Beweglichkeitsübungen im Sitzen oder Liegen sind bis zur Neutralstellung (0°) erlaubt. Sämtliche weiteren Bewegungen des Fußes sollten auch beübt werden. Die Schmerzgrenze darf nicht überschritten werden.

3. Remodellierungsphase

In dieser Phase steht die Wiederherstellung der Kraft und der Alltagstauglichkeit im Vordergrund. Die Beweglichkeit sollte weiterhin bis zur Seitengleichheit trainiert werden. Joggen kann nach etwa drei Monaten funktionieren. Sechs Monate nach der OP sollen Sprungübungen möglich sein. Um zurück aufs Feld zu kommen, können immerhin acht bis zwölf Monate vergehen.

Die Testbatterie aus der Rehabilitation eines Inversionstraumas wird ab dem Zeitpunkt des Abnehmens der Orthese in der Remodellierungsphase angewendet:

1. Test: Temperatur/Schmerz

Kein Dauer-Ruheschmerz
Temperaturerhöhung < 2° im Seitenvergleich

2. Test: Range of Motion/Temperatur nach Belastung/Einbeinstand

Aktives und passives Bewegungsausmaß < 10° Seitenunterschied
ROM-Test an der Wand
Wenig Temperaturerhöhung nach Belastung
30 Sekunden Einbeinstand, zehn Sekunden mit geschlossenen Augen

3. Test: SEBT/Y-Balance-Test

Max. 5 % Seitendifferenz
Weiten, welche der Beinlänge entsprechen

4. Test: Single Leg Hop

Männer 80-90 % der Körperhöhe, Frauen 70-80 %
Mindestens 85 % im Seitenvergleich

[11]

7.6 JUMPERS KNEE (PATELLARSEHNEN-TENDINOSE)

Ein Jumpers Knee ist eine durch Degeneration der Patellarsehne entstehende Pathologie. Schmerzen haben Betroffene im Bereich der unteren Spitze der Kniescheibe. Die Ursache kann in einer mechanischen Überbelastung liegen. Bei einer Landung nach einem Sprung wirkt in etwa das Zehnfache des Körpergewichtes auf die Sehne. Mit dem Hintergrundwissen sollte der Qualität von Landungen nach Sprüngen ein großer Teil der Aufmerksamkeit gewidmet werden.

Wichtig ist die Unterscheidung von einer Tendinose und einer Tendinitis. Bei einer Tendinitis steht eine akute Entzündung im Vordergrund. Forciertes Training ist hier kontraindiziert. Bei einer Tendinose hat sich die Struktur der Sehne über einen längeren Zeitraum verändert. Hier ist eine aktive Therapie indiziert, um die Sehne zu rehabilitieren. Dies kann bis zu sechs Monate dauern. Besonders exzentrisches Training eignet sich hier. Auch Sprungtraining mit dem Schwerpunkt auf eine saubere Landung und Ausführung ist indiziert.

Exzentrisches Training

Intensität	Mittel (Körpergewicht, schmerzabhängige Steigerung)
Geschwindigkeit	Langsam (3/0/1), Betonung exzentrische Phase
Serienpause	Kurz (ca. 60-90 Sek.)
Serien	3 x 15 Wdh., zweimal täglich

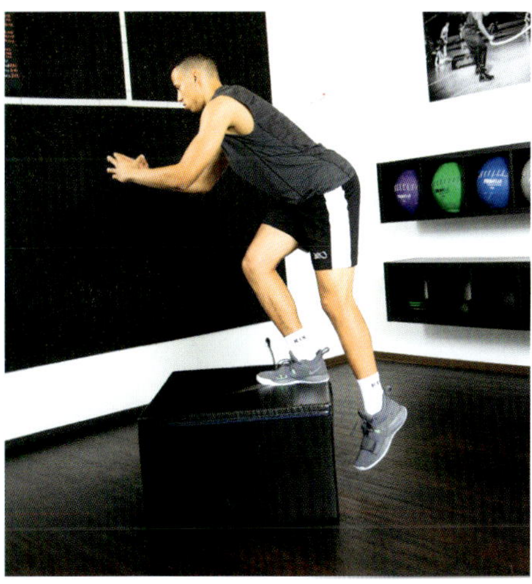

Intensität	Mittel (Körpergewicht, schmerzabhängige Steigerung)
Geschwindigkeit	Schnell (0,5/1/1) bis maximal
Serienpause	Kurz (ca. 60-90 Sek.)
Serien	3 x 15 Wdh.

Bei akutem Schmerz können neben Eis noch weitere Maßnahmen helfen:

Schmerzlinderung durch TENS – Transkutane Elektrische Nervenstimulation

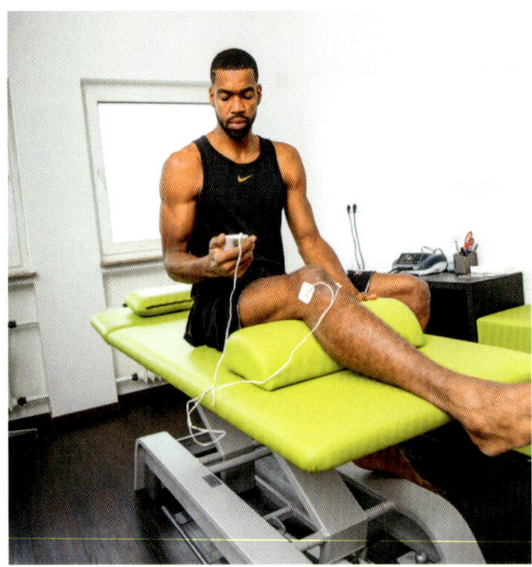

TENS ist ein therapeutischer Strom, welcher mit frei verkäuflichen Geräten selbst angelegt werden kann. Auf den Geräten sind einzelne Programme vorgegeben oder auch frei wählbar. Die Elektroden sollten im Abstand von mindestens fünf Zentimetern auf dem Schmerzpunkt, oder den Schmerzpunkt umschließend, angebracht werden. Die Intensität sollte so eingestellt werden, dass ein deutliches Stromgefühl spürbar ist. Eine Behandlung kann mehrmals täglich für 20 Minuten erfolgen.

Flossing

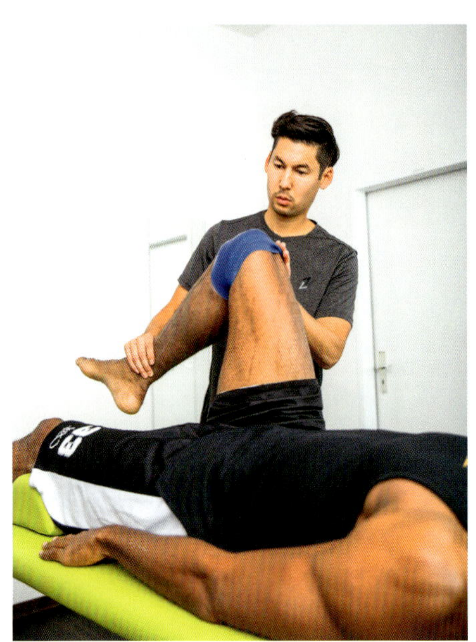

Beim Flossing wird ein ca. fünf Zentimeter breites Gummiband um die zu behandelnde Stelle gewickelt. Durch Kompression, die Verschiebung von Gewebe und den auftretenden Schmerzreiz entfaltet die Methode ihre therapeutische Wirkung.

Ein Flossingband wird mit 50-80 Prozent Zugstärke um das Knie gewickelt. Der Zug sollte direkt am Schmerzpunkt verstärkt werden. Das Band wird aufsteigend gewickelt und überlappt zur Hälfte. Zwei Minuten lang werden verschiedene Bewegungen ausgeführt. Nach einer Pause von vier Minuten wird ein zweiter Satz durchgeführt.

7.7 SCHULTERSCHMERZ

Instabilität

Instabilitäten können traumatisch sein oder sich über die Zeit entwickeln. Falls eine akute Verletzung vorliegt, kann ein Verband die Schulter für einige Tage ruhigstellen. Darauf sollte die Schulter drei bis zehn Wochen schmerzabhängig mit Übungen rehabilitiert werden.

Liegt kein Trauma vor oder handelt es sich um eine alte Verletzung, sollte die Schulter unter drei Aspekten trainiert werden:

1. **Proximale Stabilität**
2. **Scapula-Stabilität**
3. **Glenohumerale Stabilität**

Proximale Stabilität

In Wurfsportarten werden bis zu 50 Prozent der benötigten Kraft für einen Wurf durch den Rumpf oder die untere Extremität generiert. Bei einer Insuffizienz steigt die Belastung für den Schultergürtel. So ist ein stabiler Rumpf die Grundvoraussetzung für eine stabile Schulter.

Übungen

- Push-up Position Shoulder Tabs
- Pallof Press
- Cable Russian Twists

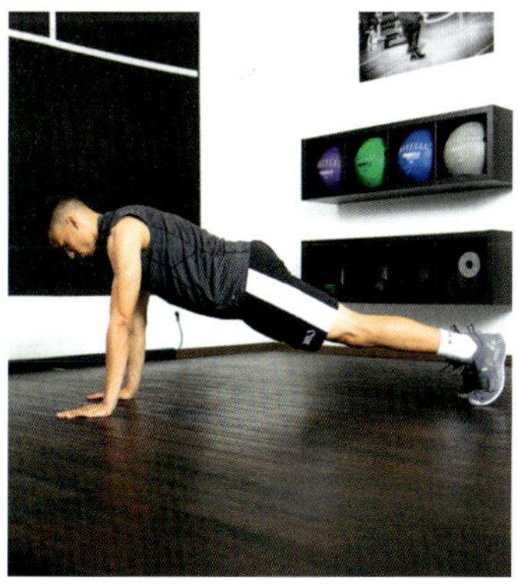

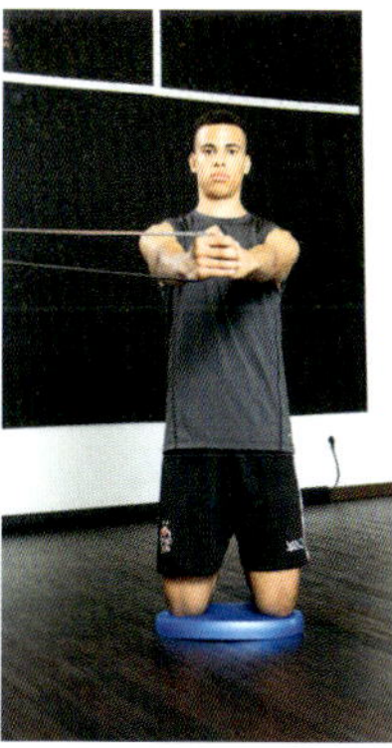

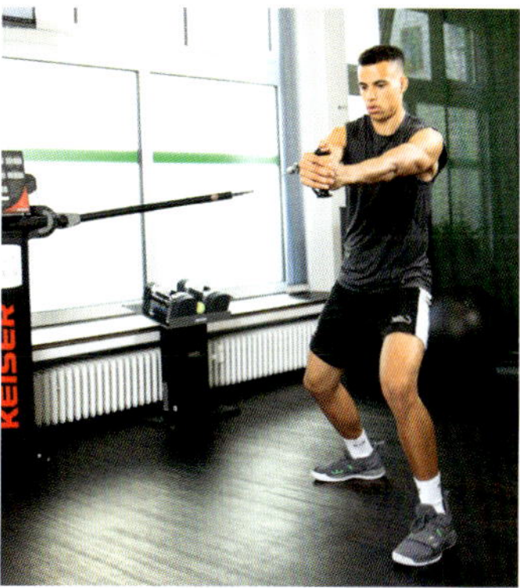

Scapula-Stabilität

Die richtige Position der Scapula auf den Rippen ist ein wichtiger Aspekt für eine stabile Schulter. Bei den einzelnen Übungen sollten die Schulterblätter in Richtung Lendenwirbelsäule nach hinten/unten gezogen werden.

Übungen

- Scapula Push-up
- Cable Lat Pull
- Scare Crows

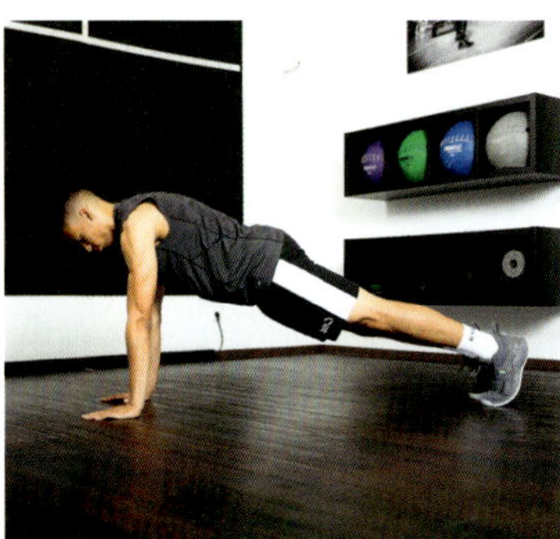

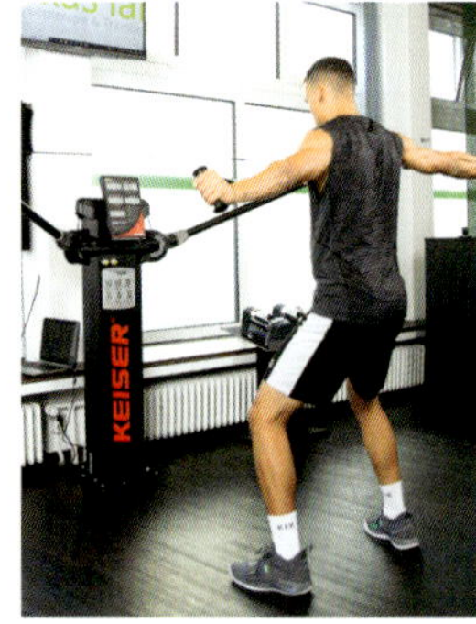

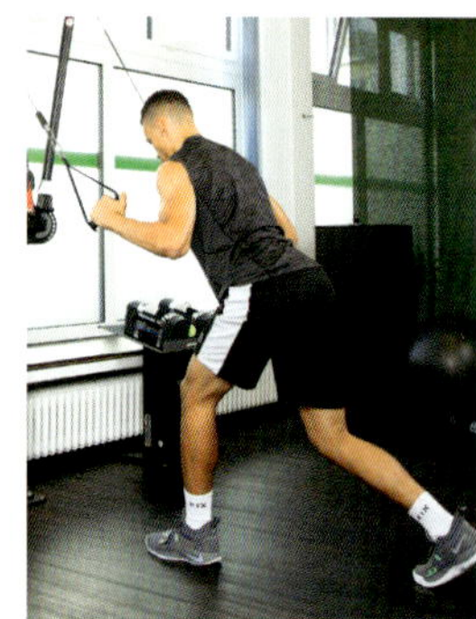

Glenohumerale Stabilität

Die Glenohumerale Stabilität ist besonders von der Aktivität der Rotatorenmanschette abhängig (M. supraspinatus, M. infraspinatus, M. teres minor, M. subscapularis). Zusätzlich sind die oberfächlichen Muskeln (M. deltoideus, M. pectoralis major, M. latissimus dorsi) zu trainieren.

Übungen

- Miniband-Außenrotation
- Miniband Rows
- Kurzhantel-Abduktion
- TRX Rows

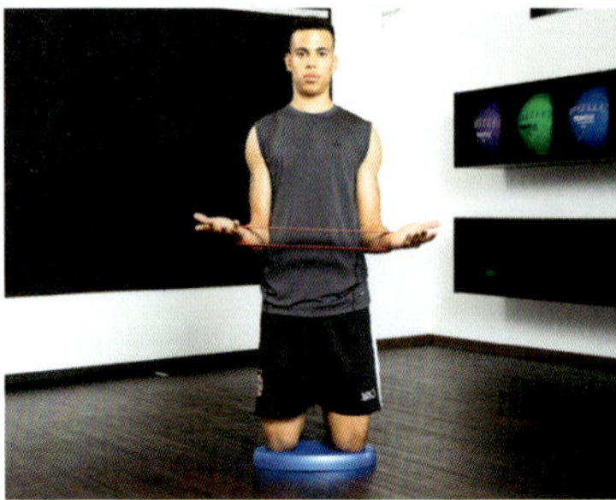

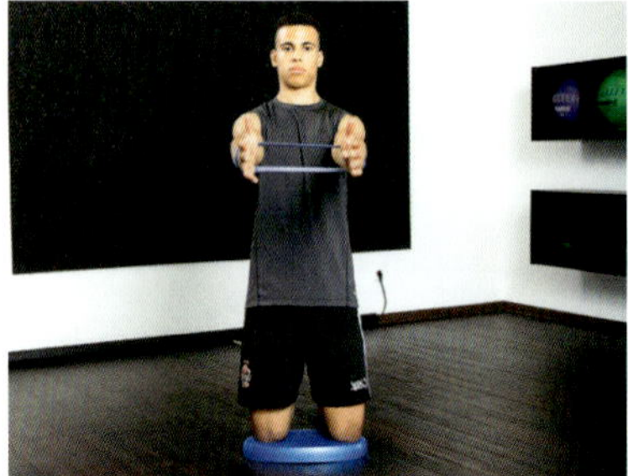

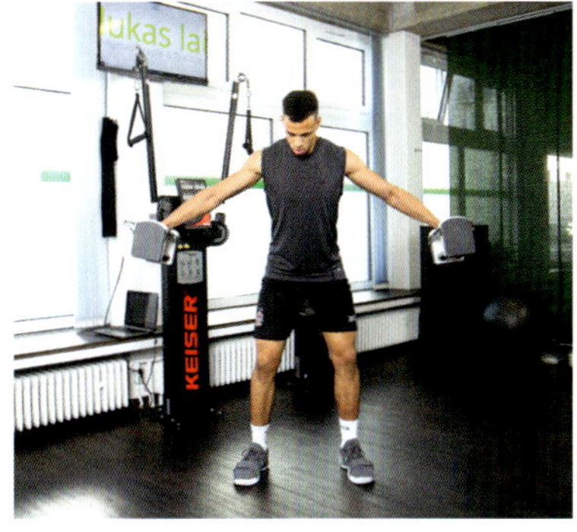

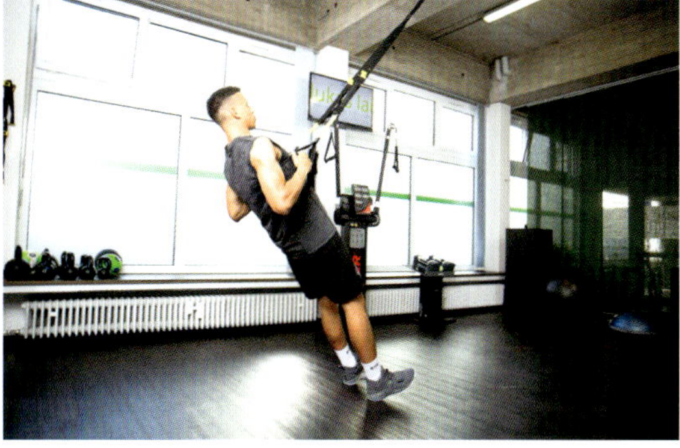

Return to Play Test

Zwei Tapestreifen werden im Abstand von 90 cm voneinander entfernt auf den Boden aufgeklebt. Der Athlet befindet sich jeweils mit einer Hand auf einem Tapestreifen in Liegestützposition mit schulterbreitem Fußstand. Aus dieser Position heraus soll er mit der linken Hand die rechte Hand und anschließend mit der rechten die linke Hand berühren. In 15 Sekunden sollen so viele Wiederholungen wie möglich durchgeführt werden. Der Athlet absolviert drei Testdurchgänge à 15 Sekunden mit jeweils 45 Sekunden Pause zwischen den Sätzen. Der Durchschnittswert der drei Durchgänge wird ermittelt. Dieser sollte mindestens 21 Wiederholungen betragen.

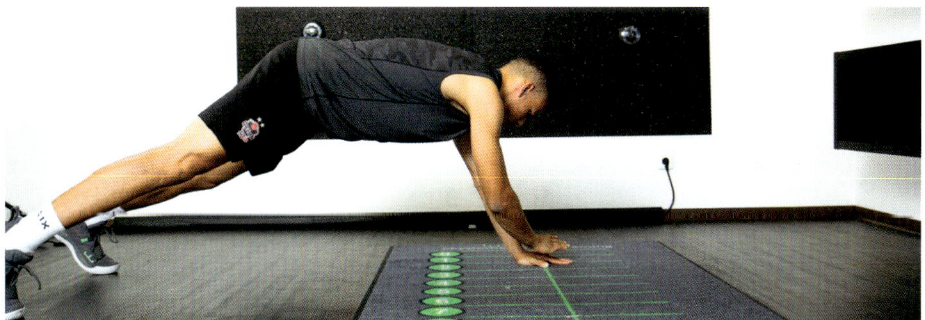

Zwölf Minuten mod. EDT (siehe Kapitel Krafttraining) Schulter-Rehaprogramm:

1. Push-up Position Shoulder Tabs
2. Miniband Außenrotation
3. Scare Crows
4. Kurzhantel Abduktion

Der Athlet versucht jede Übung für eine Minute auszuführen. Ein relativ leichtes Gewicht ist ausreichend. Die zwölf Minuten werden ohne Pause ausgeführt.

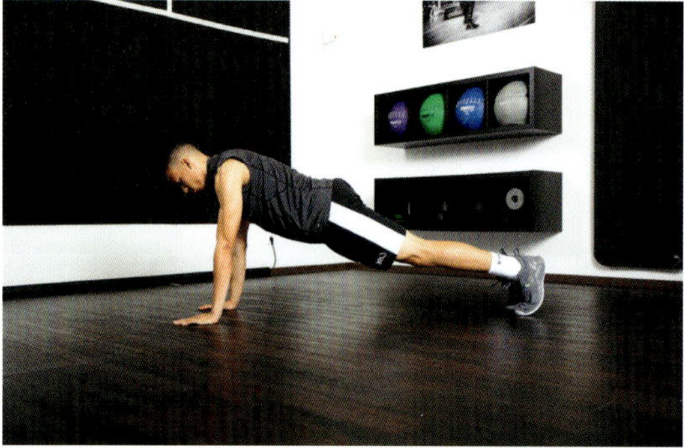

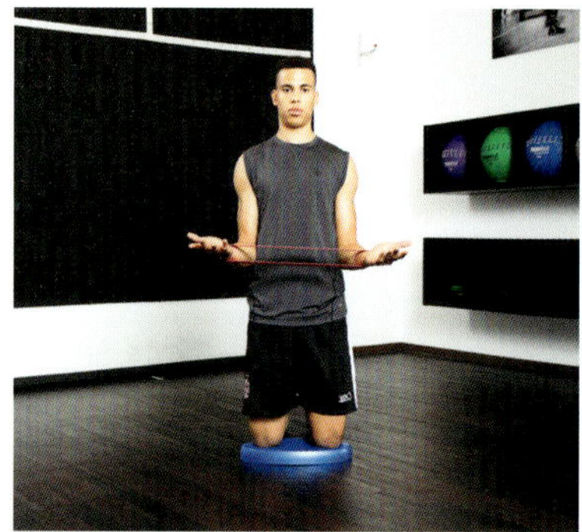

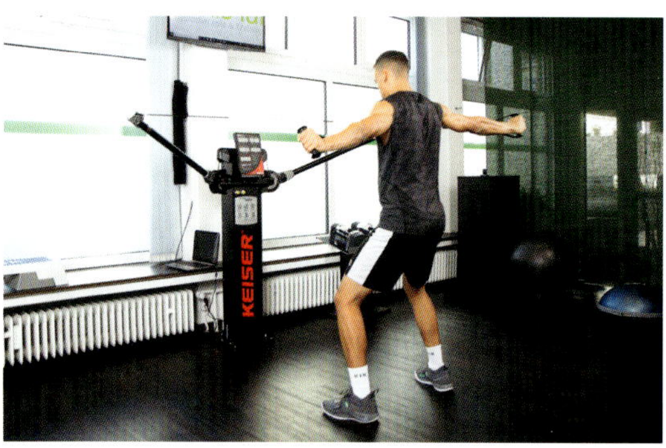

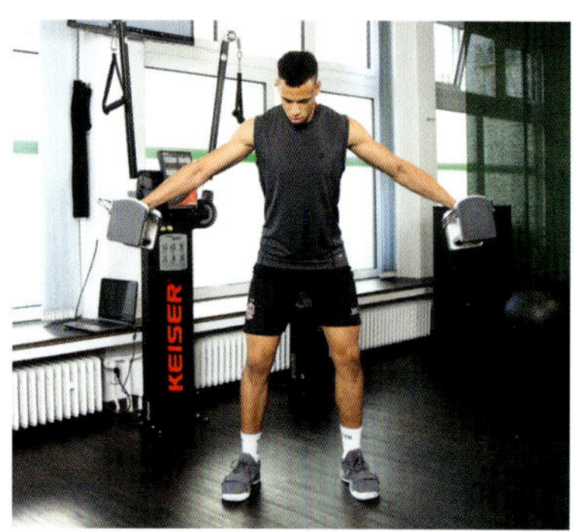

Impingementsyndrom

Ein Impingementsyndrom der Schulter ist eine der häufigsten Ursachen für Schulterschmerz. Von einem Impingement spricht man, wenn es zu einer pathologischen Einklemmung von Weichteil- und/oder Knochenmaterial im subakromialen Raum (Bereich zwischen Oberarmkopf und Schulterdach) kommt. Schmerzen sind meist am seitlichen Oberarm zu verzeichnen. Bestimmte Armbewegungen (meist Überkopfarbeit) verstärken die Beschwerden. Ein Painfull Arc kann ein Hinweis auf ein Impingementsydrom sein. Als Painful Arc bezeichnet man Schmerzen, die beim seitlichen Anheben des Armes gegen einen Widerstand zwischen 60 bis 120° auftreten.

In der Therapie eines Impingementsyndroms geht es darum, den subakromialen Raum zu entlasten. Dies geschieht durch Training, insbesondere des M. latissimus dorsi sowie der Rotatorenmanschette. Weiterhin sollte die Gelenkkapsel mobilisiert werden.

Mobilisation

1. IRO Stretch

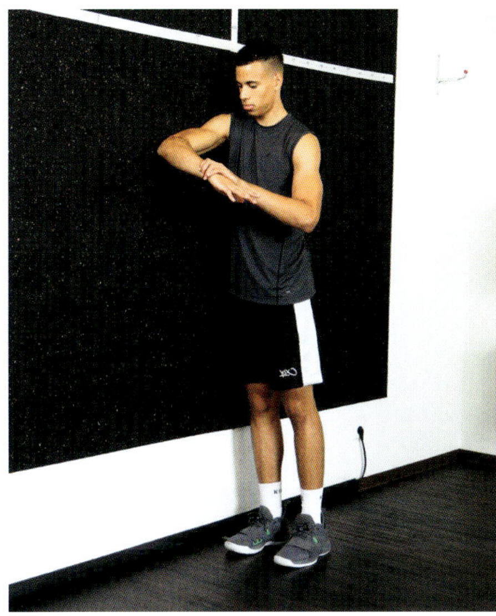

Stabilisation

1. Lat Pull
2. Kurzhantel-Rudern

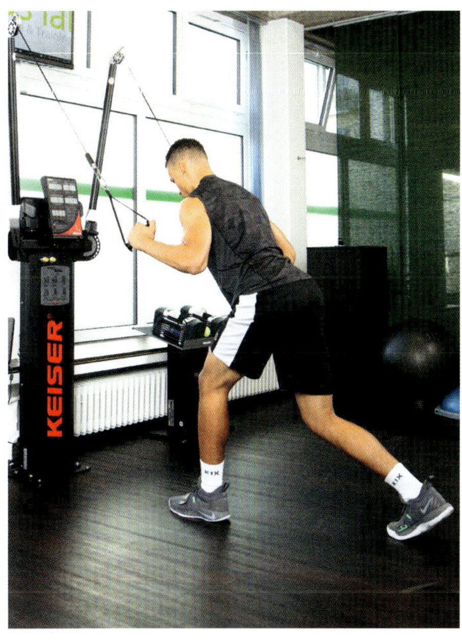

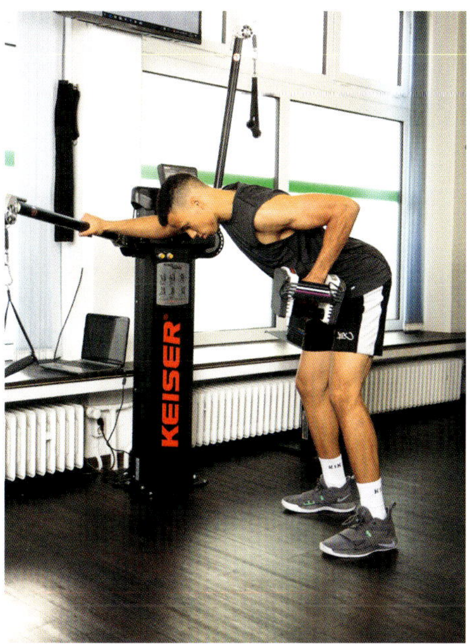

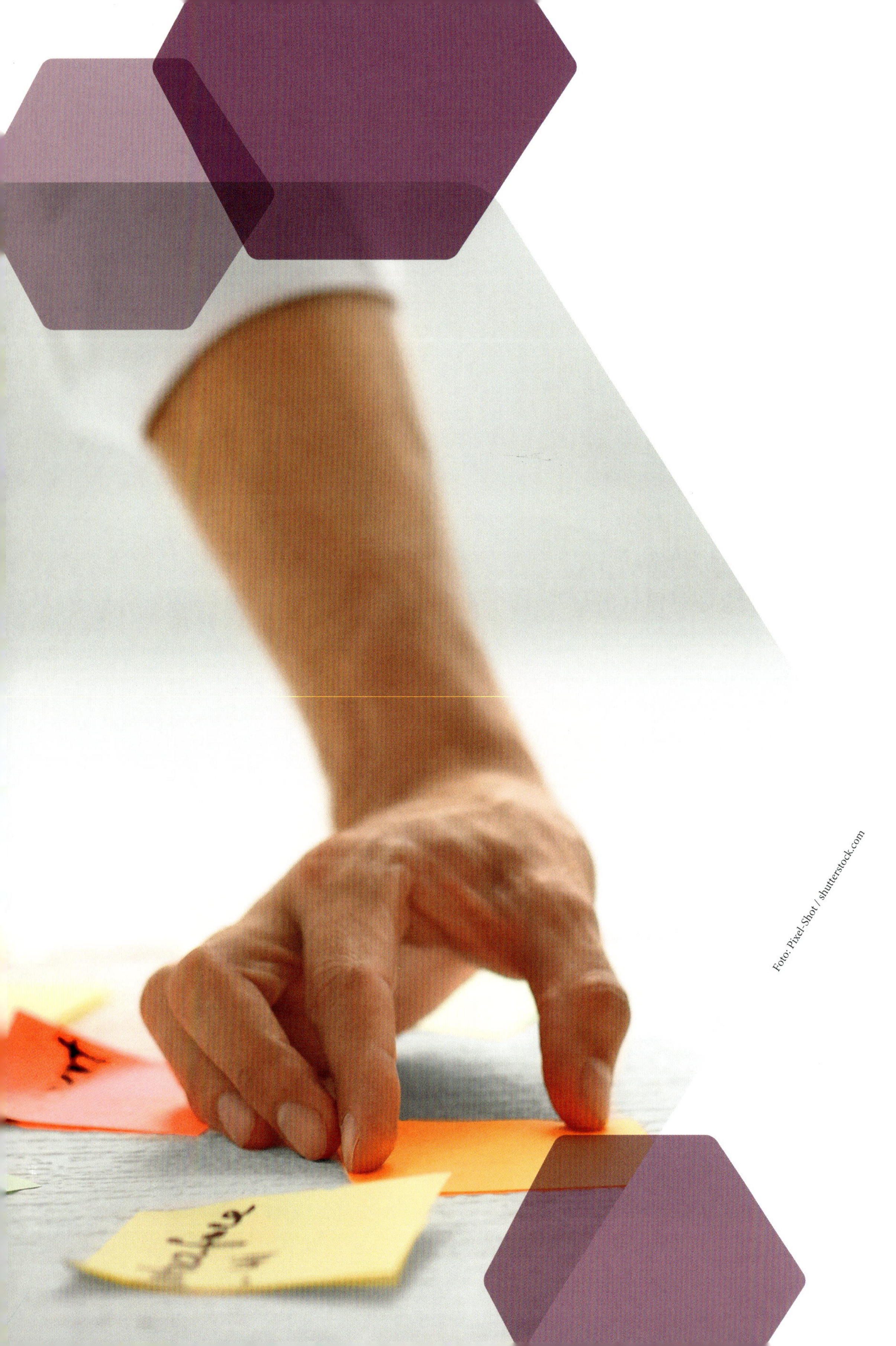

Foto: Pixel-Shot / shutterstock.com

Anhang

8

LITERATURVERZEICHNIS

[1] Adler, S. (2015): 16 Wochen optimales Ausdauertraining, Basket.

[2] Akuthota, V. & Nadler, S. F. (2004): Core Strengthening - focused review, Archives of physical medicine and rehabilitation (85), S. 86-92.

[3] Bahnert, A., Norton, K. & Lock, P. (2013): Association between post-game recovery protocols, physical and perceived recovery, and performance in elite australian football league players, Journal of science and medicine in sport, 16, S. 151-156.

[4] Boone, J. & Bourgois, J. (2013): Morphological and Physiological Profile of Elite Basketball Players in Belgium, International Journal of Sports Physiology and Performance, 8, S. 630-638.

[5] Brown, F., Gissane, C., Howatson, G., van Someren, K., Pedlar, C. & Hill, J. (2017): Compression Garmets and Recovery from Exercise: A Meta-Analysis, Sports Medicine, 47 (11), S. 2245-2267.

[6] Chaieb, L., Wilpert, E. C., Reber, T. P. & Fell, J. (May 2015): Auditory beats stimulation and its effects on cognition and mood states, Frontiers in Psychiatry, 6 (70), S. 1-9.

[7] Collins, P. (2010): Core Training Total - die besten Übungen für starke Muskeln, Aachen: Meyer & Meyer.

[8] Cook, G., Burton, L. & Hoogenboom, B. (August 2006): Pre-Participation Screening: The Use of Fundamental Movements as an Assessment of Function - Part 1 & 2, North American Journal of Sports Physical Therapy, 1 (3), S. 132-139.

[9] Davies & Zillmer in F. Diemer & V. Sutor (2009): Praxis der medizinischen Trainingstherapie.

[10] Davies, V., Thompson, K. G. & Cooper, S.-M. (2009): The Effects of Compression Garments on Recovery, The Journal of Strength and Conditioning Research, 23 (6), S. 1786-1794.

[11] Diemer, F, & Sutor, V. (2011): Praxis der medizinischen Trainingstherapie 1 - Lendenwirbelsäule, Sakroiliakalgelenk und untere Extremität, Georg Thieme Verlag.

[12] Diemer, F. & Sutor, V. (2009): Therapie nach operativer Versorgung des vorderen Kreuzbandes, Physiotherapie med, S. 21-26.

[13] Gesetzliche Unfallversicherung - VBG (2018): VBG-Sportreport 2018, VBG.

[14] Gill, N. D., Beaven, C. M. & Cook, C. (2006): Effectiveness of post-match recovery strategies in rugby players, British Journal of Sports Medicine, 40, S. 260-263.

[15] Hanson, E., Stetter, K., Li, R. & Thomas, A. (2013): An Intermittent Pneumatic Compression Device Reduces Blood Lactate Concentrations More Effectively Than Passive Recovery after Wingate Testing, Journal of Athletic Enhancement, 2 (3), S. 1-4.

[16] Herm, K. P. (2003): Körperfettmessung - Standards der Sportmedizin, Deutsche Zeitschrift für Sportmedizin, 54 (5), S. 153-154.

[17] Higgins, T. R., Climstein, M. & Cameron, M. (2013): Evaluation of hydrotherapy, using passive tests and power tests, for recovery across a cyclic week of competitive rugby union, Journal of Strength and Conditioning Research, 27 (4), S. 954-956.

[18] Higgins, T. R., Greene, D. A. & Baker, M. K. (2016): Effects of cold water immension and contrast water therapy for recovery from team sport: A systematic review and meta-analysis, Journal of Strength and Conditioning Research, 31 (5), S. 1443-1460.

[19] Hubbard, T. & Denegar, C. (Juli 2004): Does cryotherapy improve outcomes with soft tissue injury? Journal of Athletic Training, 39 (3), S. 278-279.

[20] Jackson, A. S. & Pollock, M. L. (1978): Generalized equations for predicting body density of men, British Journal of Nutrition (40), S. 497-504.

[21] Keferstein, G. & Mager, R. (2018): Eishockey Performance: Athletiktraining, Ernährung, Regeneration und Trainingsplanung für Profis und Nachwuchsspieler.

[22] Le Meur, Y., Pichon, A., Schaal, K., Schmitt, L., Louis, J., Gueneron, J., et al. (November 2013): Evidence of parasympathetic hyperactivity in functionally overreached athletes, Medicine & Science in Sports & Exercise, 45 (11), S. 2061-71.

[23] MacDonald, G. Z., Button, D. C., Drinkwater, E. J. & Behm, D. G. (Januar 2014): Foam Rolling as a Recovery Tool after an Intense Bout of Physical Activity, Medicine & Science in Sports & Exercise, 46 (1), S. 131-42.

[24] Macquet, A.-C., Ferrand, C. & Stanton, N. A. (2015): Divide and rule: A qualitative analysis of the debriefing process in elite team sports, Applied Ergonomics, 51, S. 30-38.

[25] McGill, S. M., Childs, A. & Liebenson, C. (1999): Endurance times for low back stabilization exercises: clinical targets for testing and training from a normal database, Archives of physical medicine and rehabilitation, S. 941-944.

[26] Meyer, T., Ferrauti, A., Kellmann, M. & Pfeifer, M. (2016): Regenerationsmanagement im Spitzensport, Bundesinstitut für Sportwissenschaft.

[27. Mohr, A. R., Long, B. C. & Goad, C. L. (2014): Effect of Foam Rolling and Static Stretching on Passive Hip-Flexion Range of Motion, Journal of Sport Rehabilitation, 23, S. 296-299.

[28] Padua, D. A., Boling, M. C., DiStefano, L. J., Onate, J. A. & Beutler, A. I. (2011): Reliability of the Landing Error Scoring System-Real Time, a clinical assessment tool of jump-landing biomechanics, Journal of sport rehabilitation (20), S. 145-156.

[29] Padua, D. A., DiStefano, L. J., Beutler, A. I., DeLa Motte, S. J., DiStefano, M. J. & Marshall, S. W. (2015): The Landing Error Screening System as a screening tool for an anterior cruciate ligament injury-prevention program in elite-youth soccer athletes, Journal of athletic training, 50 (6), S. 589-595.

[30] Padua, D. A., Marshall, S. W., Boling, M. C., Thigpen, C. A., Garrett, W. & Beutler, A. I. (2009): The Landing Error Scoring System (LESS) is a valid and reliable clinical assessment tool of jump-landing biomechanics, The American Journal of sports medicine, S. 1-7.

[31] Plisky, P., Gorman, P., Butler, R., Kiesel, K., Underwood, F. & Elkins, B. (2009): The reliability of an instrumented device for measuring components of the star excursion balance test, North american journal of sports physical therapy, 4 (2), S. 92-99.

[32] Ribbecke, T. (2018): Regenerationsstrategien - Neue Reserven durch systematische Erhohlung und Monitoring, München: Richard Pflaum Verlag.

[33] Schuback, B. (August 2005): Bauchmuskeltraining - Literatur-Review und kritische Analyse zum Thema "Bauchmuskeltraining bei Rückenschmerzen", Krankengymnastik - Zeitschrift für Physiotherapeuten.

[34] Stiell, I., McKnight, R., Greenberg, G., McDowell, I., Nair, R., Wells, G., et al. (16. März 1994): Implementation of the ottawa ankle rules, Journal of american medical association, 271 (11), S. 827-832.

[35] Unfallversicherung, V.-G. (2015): Präventionsdiagnostik für den bezahlten Sport - Testmanual zur Präventionsdiagnostik im Rahmen des VBG-Prämienverfahrens.

[36] Unfallversicherung, V.-G. (2016): VBG-Sportreport 2016. Analyse des Unfallgeschehens in den zwei höchsten Ligen der Männer: Basketball, Eishockey, Fußball und Handball, VBG.

[37] Verhagen, E. A., Van Mechelen, W. & de Vente, W. (Oct 2000): The effect of preventive measures in the incidence of ankle sprains, Clinical Journal of Sport Medicine, 10 (4), S. 291-6.

[38] Waller, T., Caine, M. & Morris, R. (2006): Intermittent Pneumatic Compression Technology for Sports Recovery, The Engineering of Sport (6), S. 391-396.

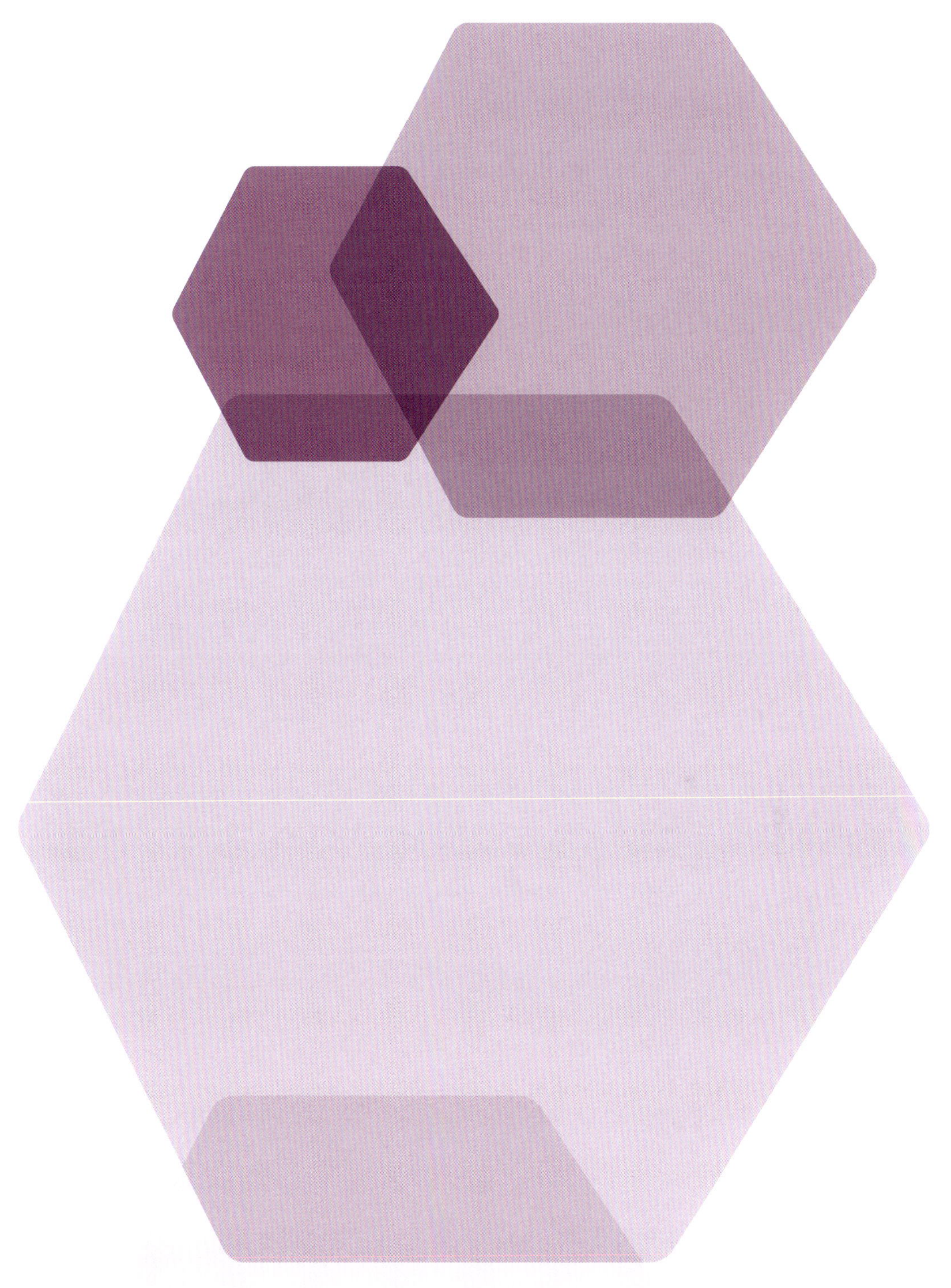